中國自信說

徐川 等 著

中信出版集团 | 北京

图书在版编目（CIP）数据

中国自信说 / 徐川等著 . -- 北京 : 中信出版社，2021.6

ISBN 978-7-5217-3118-7

Ⅰ . ①中… Ⅱ . ①徐… Ⅲ . ①中国特色社会主义—社会主义建设模式—研究 Ⅳ . ① D616

中国版本图书馆 CIP 数据核字 (2021) 第 076593 号

中国自信说

著　　者：徐川　等
出版发行：中信出版集团股份有限公司
（北京市朝阳区惠新东街甲 4 号富盛大厦 2 座　邮编　100029）
承 印 者：天津市仁浩印刷有限公司

开　　本：787mm × 1092mm　1/16　　印　　张：19.75　　字　　数：202 千字
版　　次：2021 年 6 月第 1 版　　印　　次：2021 年 6 月第 1 次印刷
书　　号：ISBN 978-7-5217-3118-7
定　　价：59.00 元

目 录

第一篇

道路自信

导语

我们走在大路上

“有人说，一条注定充满挑战的路，为什么要走？”

“有人说，一条没人走过的路，为什么敢走？”

这是央视为改革开放40周年制作的宣传片《道路》的台词，两句追问，直指人心，引人共鸣。

1840年，西方列强敲开古老封闭的中国大门，中华民族掀开历史上最屈辱的一页：版图被瓜分，家产被侵占，人民被欺辱，河山被觊觎……救亡图存成为人民之愿景，变法图强成为人民之期待。

1917年，俄国十月革命胜利，由马克思主义政党领导的第一个社会主义国家于斯而生，其影响迅速在中国传播开来。“十月革命一声炮响，给我们送来了马克思列宁主义。”[①] 中国大量的先进分子纷纷从资产阶级民主主义转向社会主义，一个个鲜活的个体毅然决

① 毛泽东.毛泽东选集：第四卷［M］.北京：人民出版社，1991：1471.

然奔向社会主义道路；林伯渠只因坚信共产主义更适合中国，选择共产党而放弃国民党；朱德国内海外几经辗转，只为加入中国共产党；贺龙官至国民革命军第二十军军长，却“皮鞋不穿愿当红军穿草鞋，高楼不住愿当红军钻芦苇”……

经历28年血与火的洗礼，1949年，毛泽东站在天安门城楼上，向全世界宣告：“中华人民共和国，中央人民政府，今天成立了！”当理想不再只是理想，当目标变成现实，当方向延伸为道路时，脚下的路越走越开阔，脚下的步越迈越坚定。

忆往昔，上下求索，金戈铁马，岁月艰难；看今朝，同舟共济，民康物阜，朗朗乾坤；期未来，人间正道，政通人和，泱泱大风。

在中国共产党的领导下，全国各族人民团结一心，迎难而上，开拓进取，奋力前行。中国从贫穷走向富强，从封闭走向开放，从落后走向现代化。14亿中国人正昂首阔步走在中华民族伟大复兴的新征程上，自信地高歌：我们的道路洒满阳光，我们的歌声传四方！

第一节
长风破浪终有时

道路决定命运，道路决定未来。

中国究竟应该走什么样的道路？

自近代以来，道路选择便是中国的仁人志士们孜孜不倦、上下求索的重大理论课题与实践主题。在这条探索之路上，我们走过大路，穿过小路，探过弯路，也曾体验过头破血流的痛楚，感受过走投无路的绝望，最终在不懈的追寻和探索中找到了一条适合自己的康庄大道，这就是中国特色社会主义道路。

艰难的“救国”之路

江河万里总有源，树高千尺也有根。习近平总书记指出：“中国特色社会主义不是从天上掉下来的，是党和人民历尽千辛万苦、付出各种代价取得的根本成就。”① 什么是中国特色？这条道路又从何而来？往何处去？带着这些疑问，我们去道路的起点看一看。

自救之路：寻寻觅觅

自1840年鸦片战争之后，古老的中华民族很快就陷入内忧外患的黑暗境地。清政府签订的成百上千个不平等条约，成为中华民族那个时代屈辱的注解。主权的沦丧、经济的破败、文化的湮灭，面对彼时“数千年来未有之变局”，中国人民同西方列强和封建势力进行了不屈不挠的英勇斗争，各方团体“你方唱罢我登场”，纷纷开“药方”，开启了救亡图存之路。

洪秀全领导的太平天国运动试图构建一个“有田同耕，有饭同食，有衣同穿，有钱同使，无处不均匀，无人不饱暖”的理想社会。但由于农民阶级自身特有的局限性，这场中国近代史上规模最大的农民运动以失败而告终。

清政府推行的洋务运动刺激了中国资本主义的发展，开拓了中国近代化发展道路。但这场封建大地主统治阶级领导的自救运动并没有打破封建桎梏，随着中日甲午战争北洋海军的全军覆没而宣告破产。

康有为、梁启超等发动的戊戌变法运动有可能引导中国走向资本主义社会，然而既无枪杆子又没有民众拥护和支持的急躁变法被

---

① 习近平系列重要讲话数据库．习近平在纪念毛泽东同志诞辰120周年座谈会上的讲话［EB/OL］．（2013-12-26）［2021-04-22］．http://jhsjk.people.cn/article/23952651.

守旧派轻易废止。

农民运动、地主阶级自强运动、资产阶级改良运动纷纷失败。当时的中国欲振乏力，看不到未来的样子，迷茫得不知所措。

西式之路：镜花水月

1906年，清政府颁布了《仿行立宪上谕》，两年后又颁布了《钦定宪法大纲》，俨然呈现出要建立一个君主立宪制国家的姿态。但所谓的23条宪法大纲中，“君上大权”占14条，君主作为国家最高统治者，“神圣尊严，不可侵犯”。实际上，这只是清政府维护封建专制统治的华丽面具，既不会从根本上改变君主专制的政体，也绝不会动摇封建皇权至高无上的地位，最终只能在辛亥革命的烽火中奄奄一息。

辛亥革命后成立的临时政府，仿照美国的总统共和制，借鉴中国古代以考试取士和御史弹劾官员的制度设计，创新性地建立了世界上独一无二的“行政权、立法权、司法权、考试权、监察权”五权分立的资产阶级民主制度。同时，为了限制总统的权力，还在制度设计中嵌入“责任内阁制”的内容，规定国务员辅佐临时大总统负其责任。可以说，中华民国临时政府是孙中山在考察西方资产阶级政治制度后，在充分借鉴美国的总统共和制、德国的议会共和制等政治体制后建立的。然而，孙中山在担任临时大总统三个月后，就被袁世凯篡夺了革命果实。

袁世凯重组了自己御用的政党，将共和党、统一党、民主党合并为进步党，并分化收买国民党员。不久之后，又把国民党作为“乱党”而将其强制解散，颁布了“总统至上并且可以世袭、无限期连任”的《大总统选举法》，于1916年元旦正式复辟帝制。

复辟帝制的丑剧仅两个多月就草草收场，但在袁世凯下台后，中国又陷入了四分五裂的军阀混战和割据的局面。

在半殖民地半封建社会的中国，资产阶级革命派根本无法肩负起反帝反封建的革命任务，而西方的资产阶级民主共和道路，包括政党制度，根本行不通。中国革命在“路漫漫其修远兮，吾将上下而求索”的道路上徘徊，仁人志士在“停杯投箸不能食，拔剑四顾心茫然”的历史大潮中追寻。

苏式之路：心潮逐浪

1917年，俄国十月革命胜利，由马克思主义政党领导的第一个社会主义国家于斯而生，其影响迅速在中国传播开来。“马克思主义”和“社会主义”一时间成了当时知识分子追赶的浪潮，中国大量的先进分子纷纷从资产阶级民主主义转向社会主义。

1920年7月，中国共产党早期卓越的领导人蔡和森作为留学法国的勤工俭学学生，受邀参加了在蒙达尼公学召开的一次集会。会上蔡和森提出中国革命应该仿效俄国十月革命，实行无产阶级专政。这一主张获得了大多数与会者的认同。

中国共产党在成立初期，沿袭俄国十月革命以工人阶级为革命力量的成功经验，大力开展工人运动，成立了公开做职工运动的总机关——中国劳动组合书记部。书记部通过创办《劳动周刊》、建立工人学校、组织工会等方式领导工人运动，以开展香港海员大罢工为起点，掀起了中国工人运动的第一个高潮。

俄国十月革命采取中心城市暴动的方式，走上武装夺取政权的道路，这也一度被中国共产党模仿。然而，南昌起义、秋收起义、广州起义等从城市发动革命斗争的武装起义相继失败。

站在历史的十字路口，中国的革命者们不得不提出了一个崭新的命题：苏式道路要学习、要借鉴，但是这条路如何更好地在中国走下去?

中国革命道路：九转功成

1921 年 7 月，中国共产党成立。中国民主革命有了新的坚强领导核心，也预示着一场以马克思主义为指导思想、以工农联盟为主要革命力量的新民主主义革命正式启航。

但是这条革命道路走得异常坎坷。关于这一点，我们只要看一看参加中共一大的十三位代表的最后命运，就再清晰不过了。1923 年，陈公博因投靠军阀陈炯明被开除党籍；1923 年，李达脱党；1924 年，李汉俊脱党；1924 年，周佛海脱党；1924 年，包惠僧脱党；1930 年，刘仁静被党开除；1938 年，张国焘被党开除。1925 年，王尽美牺牲；1931 年，邓恩铭牺牲；1935 年，何叔衡牺牲；1943 年，陈潭秋牺牲。13 名党代表中，脱党的、被党开除的 7 人，牺牲的 4 人，加起来 11 人。[①]

1927 年，第一次国内革命战争失败，国共两党的合作彻底破裂，国民党蒋介石集团和汪精卫集团经过一段时间的相互争斗达成妥协，宁、汉两个“国民政府”实现合流。

革命形势异常严峻，不坚定分子、悲观分子纷纷脱离组织，向敌人自首，背叛党。大量共产党员和革命群众遭到了国民党反动派的迫害，革命力量遭受了沉重打击，中国共产党面临着被瓦解和被消灭的严重危险。

据 1927 年 11 月统计，中国共产党的党员数量由党的五大召开时的近 5.8 万人急剧减少到 1 万多人。与此同时，共产党人和革命群众遭到野蛮屠杀。据党的六大的不完全统计，从 1927 年 3 月到 1928 年上半年，被杀害的共产党员和革命群众达 31 万多人，其中共产党员 2.6 万多人。汪寿华、萧楚女、熊雄、陈延年、赵世炎、夏明翰、郭亮、罗亦农、向警予、陈乔年、周文雍等党的著名活动家和领导人英勇牺牲。[②]

中国革命向何处去？

在连续几次城市暴动受挫的情况下，以毛泽东为代表的中国共产党人开始做出与苏联经验并不一致的尝试，放弃攻打大城市，转而向农村进军，开辟井冈山革命根据地，形成了中国革命自己的道路。

---

① 金一南 . 浴血荣光［M］. 北京：北京联合出版公司，2012 ：15.

② 中共中央党史研究室 . 中国共产党的九十年［M］. 北京：中共党史出版社，2016 ：101.

1927 年前后，毛泽东根据革命形势，先后写下了《中国的红色政权为什么能够存在？》《井冈山的斗争》等多篇光辉著作，正式提出了工农武装割据的思想。这一思想是以毛泽东为代表的中国共产党人立足中国的基本国情、将马克思主义普遍真理与中国革命实际相结合的创新产物。它反映了中国革命发展的特殊规律，也指明了中国走向胜利的唯一正确的道路。

曲折的“建国”之路

1949 年 9 月 21 日，中国人民政治协商会议第一届全体会议开幕，传出了那振聋发聩、响彻云霄的声音：“占人类总数四分之一的中国人从此站立起来了！”[①] 新中国成立后，面临着空前的困难和挑战：旧中国一穷二白、积贫积弱、民生凋敝，还有那满目疮痍的战争创伤，加之受美国等西方资本主义国家在外交、经济、军事上的严密封锁，在缺乏领导大规模经济建设的实践经验背景下，如何建设新中国成为摆在中国共产党人面前的全新课题。

社会主义新纪元

新中国建立初期，毛泽东提出了“三年准备、十年计划经济建

---

① 中共中央文献研究室 . 毛泽东文集：第五卷［M］. 北京：人民出版社，1996：343.

设”的思想，当时党和国家领导人已经做好了打持久战的准备。然而，随着农村土地改革的完成，朝鲜战场频频传来捷报，国民经济日益复苏。原来设想的三到五年恢复国民经济，结果只用三年就超过预期的目标，这让毛泽东、周恩来等党和国家领导人喜出望外。1953 年，“一化三改”的过渡时期总路线正式提出，原本计划 15 年完成的“三大改造”，在四年时间内就基本完成。

当时，新中国刚刚成立，尽管广大农民从封建剥削制度下解放出来，分得了土地，却面临一个非常现实又严峻的考验：由于缺乏生产工具，农民无法自给自足，不少农民被迫卖掉土地。手工业存在同样的问题。为了进一步提高农业和手工业的生产力，逐步克服农业、手工业同工商业发展不相适应的矛盾，中央贯彻自愿互利原则，积极引导广大人民组织起来，走集体化的道路。1955 年，全国掀起农业合作化的高潮。根据当时的材料，合作社 80% 以上实现增产增收；1956 年年底，90% 以上的农户参加了农业生产合作社。与此同时，90% 以上的手工业者也参加了手工业生产合作社。

在农业、手工业合作化高潮的推动下，对资本主义工商业的社会主义改造也迅速展开。在这个改造过程中，通过和平赎买政策，实现了以加工订货为主逐步向公私合营过渡。1956 年年初，资本主义工商业的社会主义改造出现了全行业公私合营的浪潮，并迅速席卷全中国。1956 年年底，资本主义工商业社会主义改造也基本完成。

三大改造的基本完成，表明社会主义制度在中国基本确立。这为中国特色社会主义的发展和进步奠定了坚实的制度基础。

工业化道路的探索

旧中国留给我们的是一穷二白。毛泽东同志这样说过："现在我们能造什么？能造桌子椅子，能造茶碗茶壶，能种粮食，还能磨成面粉，还能造纸，但是，一辆汽车、一架飞机、一辆坦克、一辆拖拉机都不能造。"[①] 当时，火柴叫洋火，煤油叫洋油，水泥是洋灰，铁钉是洋钉。打好自己的工业化基础，成为新中国建设的紧迫任务。

三大改造的胜利为社会主义工业化提供了充足的物质保障，满足了工业原料迅速增长的需求。新中国成立不久，就在工业领域取得了重大突破：1953 年年底，鞍山钢铁公司大型轧钢厂等三大工程建成投产；1956 年，中国第一个生产载重汽车的工厂——长春第一汽车制造厂生产出第一辆解放牌汽车；中国第一个飞机制造厂试制第一架喷气式飞机并取得成功；中国第一个制造机床的工厂——沈阳第一机床厂建成投产……[②]

另外，在苏联举全国之力快速发展重工业的模式影响下，轰轰烈烈的"大跃进"、人民公社化运动全面铺开。"人有多大胆，地有多大产""多快好省建设社会主义""十五年赶超英美"等呼声高涨。由于片面追求经济发展的高速度，忽视客观规律，片面追求生产关

① 中共中央文献研究室 . 毛泽东文集：第六卷［M］. 北京：人民出版社，1999：329.

② 洪向华，石建国 ."一五"计划：新中国工业化的奠基之作［N］. 北京日报，2019-06-17（15）.

系的发达，忽视生产力水平，新中国在发展的道路上错判了形势，走偏了道路。

若干年后，毛泽东谈及这段经历时，感慨道："几乎一切都抄苏联，自己的创造性很少……缺乏创造性，缺乏独立自主的能力。"[①] 对苏联模式的严重依赖，也为接下来的社会主义建设道路的曲折探索埋下了伏笔。

科技文化共争鸣

新中国成立后，人民在政治上翻了身，第一次成为新社会、新国家的主人，而如何让广大工农劳苦大众在文化上翻身，如何普及文化，成为当务之急。

为此，新中国有计划、有步骤地发展人民文化、人民教育、人民文艺。对于社会文化事业，毛泽东提出了文艺为人民服务、首先为工农兵服务的根本方向，大力倡导继承和发扬民族文化中的优良传统，有重点地发展人民的文学和戏剧、电影等各种文化事业。

1951 年 3 月，毛泽东为中国戏曲研究院题词——"百花齐放，推陈出新"，为繁荣我国文艺事业指明了方向。在这一时期，广大文艺工作者从社会现实中汲取养分，创作出一批如歌曲《歌唱祖国》、话剧《龙须沟》、电影《钢铁战士》、小说《铜墙铁壁》等深

---

① 中共中央文献研究室 . 毛泽东文集：第八卷［M］. 北京：人民出版社，1999：305.

受人民喜爱的优秀文艺作品，有效激发了人民的劳动热情。

科学技术的发展也是党和政府高度重视的。1949 年 11 月 1 日，新中国成立了属于自己的国家科研机构——中国科学院（简称“中科院”）。中科院在成立后，集中了一批卓有成就的科学家，为他们从事科学研究提供了基础条件。同时，在确定科学研究方向、培养并合理分配科学人才、调整充实科学研究机构等方面做了大量工作，为中国科学事业由落伍走向振兴打下了初步基础。

在党中央的大力关心和支持下，一批留洋科学家几经辗转，冲破重重阻力回到祖国，在异常艰苦的条件下，忠于祖国，潜心研究。中国第一颗原子弹和第一颗氢弹爆炸成功、人工合成牛胰岛素、“东方红一号”卫星成功发射……我国国防科技等领域先后取得了巨大成就。

开放的“富国”之路

1978 年 12 月，党的十一届三中全会在北京隆重开幕，改革开放就此拉开了帷幕。经历了新民主主义革命、社会主义改造，改革开放无疑是我们党伟大革命事业的重要延续。邓小平同志明确指出：“……如果现在再不实行改革，我们的现代化事业和社会主义事业就会被葬送。”[①] 前车之鉴历历在目，新路究竟如何走？时代又

① 邓小平 . 邓小平文选：第二卷［M］. 北京：人民出版社，1994 ：150.

给中国共产党人出了一道实践考题。

一声惊雷响大地

解决人们的温饱问题，重新恢复和发展国民经济，是当时社会面临的主要问题。对于像中国这样一个农业大国而言，农村的经济状况、农民的生活水平又是关系国家发展和社会稳定的头等要事，因此改革必须而且只能从农村开始。那么，当时农村的生活图景又是怎样的呢？

就拿最先按红手印、开始家庭联产承包责任制的安徽凤阳县小岗村来说。之前的小岗村是典型的“吃粮靠返销、用钱靠救济、生产靠贷款”的三靠村。为摆脱这样的窘境，该村 18 户农民敢为人先，按下红手印，搞起家庭联产承包责任制。

小岗村生产一年大变样，农民一年大翻身。1979 年，全队破天荒地向国家交售粮食近 3 万斤、油料 2 万斤，归还国家贷款 800 元，留储备粮 1 000 多斤，留公积金 150 多元。老超支户变成了进钱户，“乞丐村”变成“冒尖村”。[①]

安徽小岗村的状况，在某种程度上，又何尝不是当时中国农村的一个缩影呢？经历了十年内乱，大部分农村都普遍存在着一股“共产风、浮夸风”，“一大二公”的生产关系远远超过了当时生产力水平所能承载的限度。

---

① 聂皖辉 . 农村改革因何始于安徽成于安徽［J］. 党史纵览，2007（11）.

正是在这个背景下，邓小平同志多次强调，“不改革开放，不发展经济，不改善人民生活，只能是死路一条”①。1982 年，中共中央发布了《全国农村工作会议纪要》，明确肯定了“联产到劳，包产到户、到组，包干到户、到组，等等，都是社会主义集体经济的生产责任制”。于是，“大包干，大包干，直来直去不拐弯，交够国家的，留足集体的，剩下都是自己的”，就成为农村家庭联产承包责任制改革的主旋律，农村迎来了家庭联产承包责任制改革的高潮。

春雨浇开遍地花

农村改革的成功很快遍及城市。1984 年，以城市为重点的经济体制改革全面铺开。党的十二届三中全会通过了《中共中央关于经济体制改革的决定》，第一次明确提出了公有制基础上有计划的商品经济理论，提出了“社会主义商品经济”的新概念。同年，新中国第一股——上海飞乐音响股份公司成立；1988 年，沈阳金杯汽车股份有限公司——新中国第一家大型股份制企业建立；1990 年，新中国第一家证券交易所——上海证券交易所正式开业。

1991 年 2 月 15 日，正月初一，上海《解放日报》发表皇甫平的文章《做改革开放的“带头羊”》，它与随后发表的几篇评论一起构成了名噪一时的“皇甫平系列评论”。文章一扫当时舆论上对改革开放欲言又止的沉闷气氛，激情、鲜明地歌唱改革，鼓动改革。

---

① 邓小平 . 邓小平文选：第三卷［M］. 北京：人民出版社，1993：370.

当然，文章也很快引起了争论，遭到了一些人的批判。争论的焦点在于："改革开放姓'社'还是姓'资'？社会主义和市场经济能不能兼容？证券、股市，这些东西究竟好不好，社会主义能不能用？厂长负责制是否削弱了党的领导？私营经济是否动摇了社会主义？经济特区是不是搞资本主义的？家庭联产承包责任制是不是单干风？……"①

1992年春，88岁高龄的邓小平到武昌、深圳、珠海和上海视察，对改革开放的政策和理论做了系统阐述，提出了著名论断："要害是姓'社'还是姓'资'的问题。判断的标准，应该主要看是否有利于发展社会主义社会的生产力，是否有利于增强社会主义国家的综合国力，是否有利于提高人民的生活水平。""计划多一点还是市场多一点，不是社会主义与资本主义的本质区别。"② 这些新论断，打破了对改革开放"姓'资'姓'社'"的疑虑。

南方谈话后，党的十四大做出了我国经济体制改革的目标是建立社会主义市场经济体制的重大决定。由此，中国的改革加快了步伐，改革方式也由重点突破转向全面推进。

一棒接着一棒跑

随着农村改革与对外开放的深入，中国的发展逐渐改变了社会

---

① 陈开枝．邓小平南巡与南方谈话——访当年亲历南巡的陈开枝同志［EB/OL］．［2021-02-04］．http://cpc.people.com.cn/GB/33839/34943/34982/2620594.html.

② 邓小平．邓小平文选：第三卷［M］．北京：人民出版社，1993：372-373.

主义就一定等于单一计划经济体制的苏联模式印象，我们“摸着石头过河”，走出了一条中国特色社会主义道路。

1979 年，中共中央、国务院决定在深圳、珠海、汕头和厦门试办经济特区。后来，又陆续开放了沿海十四个港口城市、经济开放区、海南经济特区、浦东经济开发区。从沿海到内地，中国的对外开放形成了“经济特区—沿海开放城市—沿海经济开放区—内地”这样一个全方位、多层次、宽领域的对外开放格局，为我国经济的高速发展插上了腾飞的翅膀。习近平总书记指出，“建成社会主义现代化强国，实现中华民族伟大复兴，是一场接力跑”①。

“以江泽民同志为主要代表的中国共产党人，团结带领全党全国各族人民，坚持党的基本理论、基本路线，加深了对什么是社会主义、怎样建设社会主义和建设什么样的党、怎样建设党的认识，积累了治党治国新的宝贵经验，形成了‘三个代表’重要思想。在国内外形势十分复杂、世界社会主义出现严重曲折的严峻考验面前，捍卫了中国特色社会主义，确立了社会主义市场经济体制的改革目标和基本框架，确立了社会主义初级阶段的基本经济制度和分配制度，开创全面改革开放新局面，推进党的建设新的伟大工程，

---

① 习近平系列重要讲话数据库 . 习近平：在庆祝改革开放 40 周年大会上的讲话［EB/OL］.（2018-12-18）［2021-02-04］. http://jhsjk.people.cn/article/30474794.

成功把中国特色社会主义推向21世纪”[①]。

“以胡锦涛同志为主要代表的中国共产党人，团结带领全党全国各族人民，坚持以邓小平理论和‘三个代表’重要思想为指导，根据新的发展要求，深刻认识和回答了新形势下实现什么样的发展、怎样发展等重大问题，形成了科学发展观，抓住重要战略机遇期，在全面建设小康社会进程中推进实践创新、理论创新、制度创新，强调坚持以人为本、全面协调可持续发展，形成中国特色社会主义事业总体布局，着力保障和改善民生，促进社会公平正义，推动建设和谐世界，推进党的执政能力建设和先进性建设，成功在新的历史起点上坚持和发展了中国特色社会主义”[②]。

一棒接着一棒跑，一茬接着一茬干，这就是中国特色社会主义道路生成与发展的逻辑。

现代化的“强国”之路

聆听历史的回声，当时针指向2012年11月时，时代的强音奏响，此后一路高歌，奔涌向前，推动中国特色社会主义进入了新时代。

---

① 习近平系列重要讲话数据库．习近平：在庆祝改革开放40周年大会上的讲话［EB/OL］.（2018-12-18）［2021-02-04］. http://jhsjk.people.cn/article/30474794.

② 习近平系列重要讲话数据库．习近平：在庆祝改革开放40周年大会上的讲话［EB/OL］.（2018-12-18）［2021-02-04］. http://jhsjk.people.cn/article/30474794.

新时代的“五”“四”

所谓新时代的“五”“四”，就是指中国特色社会主义事业的“五位一体”的总体布局和“四个全面”的战略布局，这一科学论断为开辟新时代中国特色社会主义道路指明了继续前进的方向。

以习近平同志为核心的党中央坚持和发展中国特色社会主义事业的“五位一体”总体布局，并结合新形势、新任务，实施新战略，赋予新内涵。经济建设上，以供给侧结构改革为主线，坚持“创新、协调、绿色、开放、共享”的新发展理念，使市场在资源配置中起决定作用，更好地发挥政府作用，推动新型工业化、信息化、城镇化和农业现代化的同步实现。政治建设上，坚持中国特色社会主义政治发展道路，发展社会主义协商民主，建设中国特色社会主义法治体系，推进全面依法治国。文化建设上，培育与践行社会主义核心价值观，坚定文化自信，构筑中国精神、中国价值、中国力量。社会建设上，深入开展脱贫攻坚，大力推进精准扶贫，保证全体人民在共建共享发展中有更多获得感，确保在 2021 年全面建成小康社会。生态文明建设上，树立和践行“绿水青山就是金山银山”的理念，实行最严格的生态环境保护制度，形成绿色发展方式和生活方式，建设美丽中国。

“四个全面”的战略布局贯穿于总体布局之中。在小康社会建设方面，党的十八大正式提出了“全面建成小康社会”，这个全面建成就不再是片面的、低水平的、不平衡的小康，而应是覆盖全面、贯穿五位一体总体布局的共同小康。党的十九届五中全会更是进一步明确了“全面建成小康社会”实现之后的下一步目标是“全面建设社会主义现代化国家”，这也让“四个全面”实现了优化升级。在深化改革方面，提出全面深化改革是各领域改革和改进的联动与集成，是各个方面体制与制度的深度革新，各领域、各层次、各环节改革的系统推进，有制度的聚合与集成，最终统一于国家治理能力与治理体系的现代化。在全面依法治国方面，提出“五大体系”，即完备的法律规范体系、高效的法治实施体系、严密的法治监督体系、有力的法治保障体系、完善的党内法规体系；“三个依法”共同推进，即“依法治国、依法执政、依法行政”；还有“三个一体建设”，就是法治国家、法治政府、法治社会。在全面从严治党方面，包括内容的全覆盖，党的政治建设、思想建设、组织建设、作风建设、反腐倡廉建设和制度建设无所不包；主体的全覆盖，明确管党治党的主体是各级党组织和广大党员干部，尤其是各级党组织的主要负责人；方式的全覆盖，巡视、督察查办、纪律处分、问责，全程亮剑，全程凸显“党要管党、从严治党”的鲜明品格。

从“三步走”到“两步走”

党的十九大为未来中国三十年的发展绘就了宏伟蓝图。简单来说，就是要分三步把我国建设成为一个富强、民主、文明、和谐、美丽的社会主义现代化强国。

1987 年，党的十三大首次提出了中国经济建设的“三步走”战略。当时正处于改革开放创业期，所以对于第三步的战略目标，只是提出了总的经济目标，还没有提出具体设想。对此，邓小平说："……要证明社会主义真正优越于资本主义，要看第三步，现在还吹不起这个牛。我们还需要五六十年的艰苦努力。那时，我这样的人就不在了，但相信我们现在的娃娃会完成这个任务。"①

当时提出"三步走"战略目标时，对第三步只有一个初步的构想。1997 年 9 月，党的十五大将第三步战略目标进一步细分，分成三步，并提出了具体的时间表：第一个十年实现国民生产总值比二〇〇〇年翻一番，使人民的小康生活更加宽裕，形成比较完善的社会主义市场经济体制；再经过十年的努力，到建党一百年时，使国民经济更加发展，各项制度更加完善；到世纪中叶建国一百年时，基本实现现代化，建成富强民主文明的社会主义国家。②

而"三步走"战略中的第二步和第三步，就是著名的"两个一百年"奋斗目标。

随着中国特色社会主义事业进入新时代，我们身处"两个一百年"奋斗目标的历史交汇期。党的十九大提出了新时期现代化的"两步走"：从二〇二〇年到二〇三五年，在全面建成小康社会的基

---

① 邓小平 . 邓小平文选：第三卷［M］. 北京：人民出版社，1993：227.

② 中国共产党历次全国代表大会数据库 . 高举邓小平理论伟大旗帜，把建设有中国特色社会主义事业全面推向二十一世纪　江泽民在中国共产党第十五次全国代表大会上的报告［EB/OL］.（1997-09-12）［2021-02-05］. http://cpc.people.com.cn/GB/64162/64168/64568/65445/4526285.html.

础上，再奋斗十五年，基本实现社会主义现代化；从二〇三五年到本世纪中叶，在基本实现现代化的基础上，再奋斗十五年，把我国建成富强民主文明和谐美丽的社会主义现代化强国。[①]这是我们党立足党情、世情、国情的变化，对中国特色社会主义事业的未来发展做出的科学规划，既是以前"三步走"战略的延续，又大大丰富了具体战略目标的内涵。比如，对于基本实现现代化，不再是一种总括式的描述，而是提出了更加系统、更加具体、更加全面的说明与展现。再如，我们把基本实现现代化的目标由 21 世纪中叶提前到 2035 年，整整提前了 15 年，又提出了要在 21 世纪中叶建成富强民主文明和谐美丽的社会主义现代化强国这一新的更高目标，充分彰显了我们党治国理政的高度自信，也体现了我们党从未停止奋斗的步伐，从未躺在过去的功劳簿上，而是始终牢记"为中国人民谋幸福、为中华民族谋复兴"的初心使命，前进、前进再前进。

从落后走向美好

"五位一体""四个全面""两步走"等战略，是基于我国仍处于并将长期处于社会主义初级阶段的基本国情，基于我国仍然是世界上最大的发展中国家而提出的。基本国情没有变，决定了我们的

① 习近平系列重要讲话数据库．习近平：决胜全面建成小康社会 夺取新时代中国特色社会主义伟大胜利——在中国共产党第十九次全国代表大会上的报告［EB/OL］．（2017-10-27）［2021-02-05］．http://jhsjk.people.cn/article/29613458.

基本路线要毫不犹豫地继续坚持、坚持再坚持，坚持以经济建设为中心，坚持改革开放，坚持四项基本原则。但我们所面临的形势与所处的环境却无时无刻不在改变，社会主要矛盾已经发生了变化。

中国特色社会主义进入新时代，我们党对社会主要矛盾的变化做出了重大政治论断：我国社会主要矛盾已经转化为人民日益增长的美好生活需要和不平衡不充分的发展之间的矛盾。①

“30 年前，我们是‘十亿多人口，八亿在农村，基本上还是用手工工具搞饭吃’。”② 截至2019年年底，中国人口总数已超过14亿，其中城镇人口总数为 8 亿 4 000 多万。中国正处于新型工业化、信息化、城镇化、农业现代化同步发展时期。人们所关注的不再是有没有的问题，而是好不好的问题，不再是单纯的数量与规模问题，而是质量与结构的问题。“人民美好生活需要日益广泛，不仅对物质文化生活提出了更高要求，而且在民主、法治、公平、正义、安全、环境等方面的要求日益增长。”③ 吃饱饭、穿暖衣、住新房，不

① 习近平系列重要讲话数据库 . 习近平：决胜全面建成小康社会 夺取新时代中国特色社会主义伟大胜利——在中国共产党第十九次全国代表大会上的报告［EB/OL］.（2017-10-27）［2021-02-05］. http://jhsjk.people.cn/article/29613458.

② 颜晓峰 . 我国社会主要矛盾变化的重大意义［EB/OL］.（2018-01-04）［2021-02-05］. http://theory.people.com.cn/gb/n1/2018/0104/c40531-29744175.html.

③ 习近平系列重要讲话数据库 . 习近平：决胜全面建成小康社会 夺取新时代中国特色社会主义伟大胜利——在中国共产党第十九次全国代表大会上的报告［EB/OL］.（2017-10-27）［2021-02-05］. http://jhsjk.people.cn/article/29613458.

再是人们追求的主要生活目标，他们还希望能够吃得更好、穿得更好、住得更好，还希望能够有一个绿水青山的美好环境、一个公平正义的社会环境、一个丰富多彩的精神环境、一个开放平等的市场环境、一个安全友好的国际环境。立足新时代，我们必须仍然以经济建设为中心，坚持以发展作为第一要务，同步推进政治、文化、社会、生态的协调发展，更好地满足人民对美好生活的需要，进而在 21 世纪中叶建成富强、民主、文明、和谐、美丽的社会主义现代化强国。

现在，我们可以去回答，道路自信，从哪儿来？就从近代中国的“救国”之路探索中来，就从社会主义“建国”之路探索中来，就从社会主义建设的“富国”之路探索中来，就从新时代中国伟大事业的“强国”之路探索中来。这是一条既符合马克思主义原理又适合中国基本国情的道路，这是一条已经历经历史淬炼和人民检验的道路，这是一条持续与时俱进、开拓创新的道路，这是一条接力奋斗、传承发展、永续前行的道路。

第二节
“中国号”巨轮扬帆启航

中国的快速崛起刷新了全球对“中国奇迹”的认知，掀起了探寻“中国道路”奥秘的热潮。世界人民好奇的是，这个“可亲、可敬、可爱”的东方雄狮究竟是怎样冲破亚洲金融危机、美国次贷危机、欧洲主权债务危机的禁锢，一跃而起，成为全球经济增长最快和预期前景最好的经济体之一的。

是什么赋予了她能量？而她又将为世界带来什么？中国的发展究竟依靠什么获得了成功？中国道路给世界各国的发展带来了什么影响与启示？

中国道路的特色

要想探寻中国道路的奥秘，先要认识这样一个字：融。其本意为固体受热变软或化为流体，也就是我们常说的“暖化了”。因中国共产党的正确领导而迸发出的蓬勃能量消融了现代工业文明与社会主义制度之间的碰撞，把两者有机结合起来，开辟了一条中国特色社会主义发展道路。

然而这条道路并不好走，因为独一无二，我们无从借鉴，也没法参考。往前看可能是一望无垠的未知，往后看可能是僵化理念的死拽不放，但我们党每每在关键时刻总是能够一次次用蓬勃的能量消融教条主义、本本主义和经验主义，用“解放思想、实事求是”的理念，带领大家“团结一致向前看”。从农村到城市，从试点到推广，从“摸着石头过河”到“深水区改革”，从经济体制改革到全面深化改革，这能量始终充盈，这道路始终向前。要问奥秘在哪里，答案还是这个字——融，从下至上的人民首创精神与从上至下的国家顶层设计智慧的完美融合。

中国道路是中国人民用勤劳、智慧和勇气铺就的，坚持走中国道路的伟大成果由伟大的中国人民共享。改革开放40多年来，在这条道路上前行的人民，装满了米袋子，鼓起了钱袋子，摘掉了穷帽子，挺直了腰杆子。

中国道路是不同于西方道路的伟大创举，是具有自主“知识产权”的中国创造。不仅造福中国人民，也惠及了全世界，它让世界人民不再迷信“全球化＝西方化”“现代化＝西方化”的神话，为广大发展中国家提供了一种可资借鉴的新模式。

作为世界和平的建设者、国际秩序的捍卫者和全球化的推动者，中国始终在贡献“中国智慧”，提供“中国方案”。从主动裁军

400 万到成为联合国安理会常任理事国中派出维和士兵最多的国家，从“一带一路”国际合作到全球疫情暴发时毫无保留地分享成熟的诊疗经验和防控方案，这些鲜活的实例，无不说明了一个道理，那就是：中国道路不仅有益于中国，同样有益于世界。中国人民的选择是明智的，中国道路是正确的。

2020 年 8 月 30 日，国务委员、外交部部长王毅在法国国际关系研究院发表题为《团结合作，开放包容　共同维护人类和平发展的进步潮流》的演讲。王毅指出，中国人民选择的发展道路，顺应了 14 亿中国人民的愿望，顺应了和平发展的时代潮流，不仅有益于中国，同样有益于世界。既然这条道路是正确的，我们当然要继续坚定不移地走下去。①

舱实船稳帆正

一个百废待兴的国家成为最早实现联合国千年发展目标之减贫目标的发展中国家，后来成为世界经济增长的第一引擎。新中国成立 70 多年来，我国经济规模不断扩大，综合国力与日俱增，对世界经济增长的贡献大幅提升，国际地位和影响力显著增强。

---

① 王毅 . 团结合作，开放包容 共同维护人类和平发展的进步潮流［EB/OL］.（2020-08-31）［2021-04-22］. https://www.fmprc.gov.cn/web/wjbz_673089/zyhd_673091/t1810689.shtml.

东方巨轮的逆袭

从1937年7月抗日战争全面爆发到1949年新中国成立前的12年中，国民党政府发行的纸币增加了1 445亿倍，物价指数上涨了36 676亿倍。也就是说，1937年用100元法币可以买两头牛，到1949年新中国成立前夕只能买五十万分之一两大米。这是什么概念？连半粒米也买不到！这就是彼时的中国，濒临崩盘的物价，混乱无序的市场，百业凋敝、物资匮乏的烂摊子，千疮百孔，让人心痛。

时任美国国务卿艾奇逊曾扬言：共产党能够打天下，但是解决不了经济问题，解决不了中国人的吃饭问题。国内也有人不屑：共产党军事打100分，政治打80分，但经济只能打0分。

但中国共产党带领各族人民驾驶着这叶漂摇之舟，看清前路，迎难而上，搏激浪、涉险滩，待世界人民拨开迷雾、擦亮眼睛，呈现在他们眼前的已是一艘风雨不侵的经济巨轮。新中国70年来的经济发展用实力告诉世人：中国共产党就是“能”，中国特色社会主义就是“好”。

为什么能？习近平总书记说：“只要路走对了，就不怕遥远。”①什么路是对的？适合我们国情的中国特色社会主义发展之路。

---

① 习近平系列重要讲话数据库．习近平：共同开创中阿关系的美好未来［EB/OL］．（2016-01-22）［2021-04-22］．http://jhsjk.people.cn/article/28075098.

国家这么大，人口这么多，发展又不平衡不充分，这条路如何走？

我们必须铭记1978年冬夜18位农民在土地承包责任书上按下的红手印，终结了小岗村村民“身背花鼓走四方”逃荒要饭的历史；我们也必须铭记曾经“只有三件宝，苍蝇、蚊子、沙井蚝。十屋九空逃香港，家里只剩老和小”的宝安，正是这个地方，第一个打破了平均主义“大锅饭”工资制度、敲响了土地拍卖“第一槌”，开启了一段又一段破冰之旅。此外，还有海南、浦东、中关村、雄安新区……

如今，中国人均GDP（国内生产总值）已经突破1万美元，也就是说，人均GDP超过1万美元的世界人口翻了一番。

从百废待兴求温饱，到扬帆起航逐梦想，我们在70多年的社会主义建设的实践中逆袭，成为独立自主、经济分权、对外开放、创新驱动的世界第二大经济体。大国之舟从风雨飘摇驶向星辰大海。

大海航行靠舵手

一位老人在中国南海边“画了一个圈”，开启了深圳从“巴掌大的小渔村”到现代化国际大都市的华丽转身；黄浦江畔，一扇天窗悄然打开，便铸就了风雷激荡的“浦东传奇”；南海之滨，昔日边陲海岛成为欣欣向荣的自由贸易港；西北边疆，中欧班列疾驰向西，助推新疆霍尔果斯成长为戈壁明珠……

40多年春风化雨、春华秋实，是改革开放让我们脚下这片热土逐渐有了温度和活力，慢慢沸腾，开出一朵朵奇迹之花。这朵奇迹之花仿佛一根魔法棒，改变了中国的面貌、中华民族的面貌、中国人民的面貌。

回顾这乘风破浪的伟大征程，特点和优势是什么呢？

邓小平同志曾经明确指出，“社会主义市场经济优越性在哪里？就在四个坚持。四个坚持集中表现在党的领导。这个问题可以敞开来说”[①]。“社会主义的本质，是解放生产力，发展生产力，消灭剥削，消除两极分化，最终达到共同富裕。”[②]

从 1949 年到 2018 年，中国居民人均可支配收入实际增长 59.2 倍，人均预期寿命从 35 岁增长到 77 岁，人民生活条件和物质保障发生了翻天覆地的改变，为“人民至上”的价值理念写下了生动而温暖的注脚。如果说新中国的发展拓展出了一条独具特色的“中国道路”，那么 70 多年一脉相传的发展目标、不断向好的民生改善，牢牢抓住了人民群众的幸福线。

一个国家走什么样的发展道路，运用什么样的发展模式，有其自身的内在规律，即必须符合当下社会发展规律以及具体国情、自身发展条件，按照这些基础来发展，就是科学的发展道路、科学的发展模式。因为，规律是事物内在的必然联系，决定着事物发展的必然趋势。正如恩格斯所说，历史进程是受内在的一般规律支配

---

① 中共中央文献研究室．邓小平年谱：1975—1997（下）［M］．北京：中央文献出版社，2004：1363.

② 邓小平．邓小平文选：第三卷［M］．北京：人民出版社，1993：373.

的，问题在于发现这些规律。

70 多年来，我们始终坚持中国共产党的领导，始终坚持走社会主义道路，始终朝着社会主义现代化和中华民族伟大复兴的目标迈进，找到了一条从过去延伸到未来的发展道路。这种矢志不渝的坚定，让中国在正确的道路上一往无前，实现了改革、发展、稳定的有机结合与辩证统一。

将改革开放进行到底

面对百年未有之大变局，中国如何沉着应对风险与挑战，同样是摆在中国面前亟待破解的难题。“我国发展仍处于重要战略机遇期，我们要增强信心，从当前我国经济发展的阶段性特征出发，适应新常态，保持战略上的平常心态。”[①] 习近平总书记 2014 年 5 月考察河南时说的这番话让我们吃下了定心丸。

矛盾之下，迎难而上。瞭望者拨开迷雾、廓清视野、指明方向——将改革开放进行到底！自 2015 年习近平总书记主持召开中央财经领导小组第十一次会议开始，“供给侧结构性改革”成为我们党综合研判世界经济形势和我国经济发展新常态之后做出的重大决策。

“过去 40 年中国经济发展是在开放条件下取得的，未来中国经

① 习近平系列重要讲话数据库 . 习近平在河南考察时强调 深化改革发挥优势创新思路统筹兼顾 确保经济持续健康发展社会和谐稳定［EB/OL］.（2014-05-11）［2021-04-22］. http://jhsjk.people.cn/article/25001070.

济实现高质量发展也必须在更加开放条件下进行。”[①]

面对国际上“贸易保护主义”抬头以及“逆全球化”的严峻挑战，习近平主席提出了“人类命运共同体”的重要倡议，提出治理全球的中国理念和中国方案。

中国共产党人以海纳百川的开放胸怀，共建“一带一路”，让更多发展中国家感受到了中国的大国担当，看到了光明灿烂的合作前景。

目光再回到国内。开放才能发展，合作才能共赢。我们党和国家也不断推进京津冀协同发展战略、长江经济带发展战略，筹划大湾区建设战略、全面建设海南自由贸易区战略等。

因为坚定不移地将改革开放进行到底，中国经济能在低迷的国际经济环境中一枝独秀，稳定保持中高速增长，成为世界经济增长的主要动力源。

因为坚定不移地将改革开放进行到底，中国经济结构不断优化，质量效益稳步提升。

因为坚定不移地将改革开放进行到底，科技创新赋能经济发展成绩显著、亮点频出，奋斗者号、嫦娥号、墨子号、悟空号、九章、山东舰……上天入海，一大批体现国家战略意图的重大科技项目和工程接连取得突破。

---

① 习近平系列重要讲话数据库．习近平在博鳌亚洲论坛 2018 年年会开幕式上的主旨演讲［EB/OL］.（2018-04-10）［2021-04-23］. http://jhsjk.people.cn/article/29917187.

中国特色社会主义经济发展道路指引着我们迈向更加辉煌的明天，而“改革开放”作为引擎点燃了人民群众对未来的美好期待，为中华民族伟大复兴中国梦提供了源源不断的动力支持。

东方雄狮实力秀

70 多年不忘初心，中国共产党领导中国人民筑梦前行；70 多年风雨兼程，党和人民绘就了一部感天动地的奋斗史诗。如今的“中国”已不再只是一个国家的名称，而是被赋予了无穷的内涵。正如英国学者马丁·雅克在《了解中国的崛起》中所说，中国不只是一个国家，而是一种超越了国家的文明样态。

了不起的新时代

2019 年 12 月 17 日的三亚，如往常一样水天一色、日暖风清，而这一天注定将在历史上留下浓墨重彩的一笔。因为，经中央军委批准，被命名为“中国人民解放军海军山东舰”的中国第一艘国产航母，于海南三亚军港交付海军。

这是我国现役的第二艘航母，也是我国第一艘国产航母。

回首 120 多年前，中日甲午战争的黄海海战中，北洋舰队受到重创，留下“此日漫挥天下泪，有公足壮海军威”的悲壮豪情。

而如今，神州大地曾经的屈辱和创伤被高速发展渐渐抚平，我们站在新时代的春风里，倍感自豪和幸福。

山东舰等党的十八大以来陆续面世的国之重器，只是国家实力的一个缩影。

西南千层梯田，东北万亩粮仓，我们用占全球 7% 的耕地，养活占全球 22% 的人口。而这只是一个开始……我们的目标是让人民远离饥饿。

2 万多条隧道，100 多万座桥梁，230 座机场，350 多万个航班，天堑变通途，而这只是一个开始……我们的目标是让经济发展的红利惠及每一寸土地。

超大直径盾构机，我们自己造！港珠澳大桥沉管隧道的自动化模板，我们自己造！中国每年进口芯片金额超过 2 300 亿美元，堪比石油，没关系，我们自己造！国产大飞机 C919 首飞成功，中国不再是“没有翅膀的雄鹰”；鲲龙 AG600 水上首飞成功，“鲲龙振翼惊天起，一跃华夏大地”；第 46 颗北斗导航卫星的成功发射，让“天上的星星参北斗”；嫦娥四号成功着陆月球，奏响了探索宇宙的新畅想……

再看经济增长。改革开放以来，我国经济快速发展，1986 年经济总量突破 1 万亿元，2000 年突破 10 万亿元大关，超过意大利成为世界第六大经济体，2010 年突破 40 万亿元，超过日本并连年稳居世界第二。

2021 年 1 月 18 日，国新办举办发布会，会上通报：初步核算，2020 年国内生产总值 1 015 986 亿元。对于人口超过 14 亿的中国来说，这是一个可喜可贺的大事件，对于世界人民来说，则是中国在疫情状态下创造的又一个“中国奇迹”。习近平总书记在2021年新年贺词中说：“平凡铸就伟大，英雄来自人民。每个人都了不起！”[①]而在每个中国人的心目中，中国道路最了不起！

从中国的世界到世界的中国

2019年10月1日，世界的目光聚焦在中国。在亿万中国观众心潮澎湃地收看国庆70周年大阅兵直播时，海外媒体和网友也在透过天安门广场上举行的阅兵式和群众游行，关注和感受今日之中国。

“走得真好。”“哇，令人记忆深刻！”“不可思议的中国！”无数网友热议中国，为中国点赞。

过去积贫积弱的中国让外国人产生了多大的误解，今天和平崛起的中国就让外国人多么震惊。而这种发展的美好惠及的不仅仅是中国，中国是中国人的中国，也是地球人的中国。

《福建侨报》讲述过这样一个故事。中国商人何钦文，在肯尼亚奈瓦沙湖畔经营了一个占地320亩[②]的生态果园。草莓丰收的季节，生态果园每天要运送上百盒草莓到内罗毕，但运输是一个大问题。2019年12月17日上午11时22分，首趟内罗毕—马拉巴标轨铁路（内马铁路）货运列车驶出内罗毕南站，中企承建的内马铁路

---

① 新华社．国家主席习近平发表二〇二一年新年贺词［EB/OL］．（2020-12-31）［2021-04-22］．http://m.xinhuanet.com/2020-12/31/c_1126934359.htm.

② 1亩≈666.67平方米。——编者注

一期货运正式通车，这是“一带一路”深入非洲腹地的标杆工程，何钦文的运输难题也在“一带一路”的汽笛声中化解。

党的十八大以来，我国积极推动共建“一带一路”，同各方一道打造国际合作新平台；我国主导成立了亚洲基础设施投资银行，截至2020年7月，成员数量已经增至103个；2019年，我国企业对“一带一路”沿线国家中非金融类直接投资达到150.4亿美元。可以说，改革开放以来，国家对外开放程度上一步步落广、落深，国际合作和经贸往来发展稳步推进，得到了全世界的关注与认可。

这一切都是我们伟大的祖国阔步走近世界舞台中央的节奏。

幸福在哪里，中国人告诉你

2019年，新华社联合知乎发起了“你好中国·问答70年”的活动，共和国勋章和诺贝尔奖得主屠呦呦提问：从你的经历来看，什么时候感到做一个中国人很幸福？

问得真诚，答得多元。有人说，生活在稳定的国家，时时都幸福；有人说，感觉到有人为我们负重前行的时候；有人说，能够通过奋斗收获幸福的时候；还有人说，在用汉语的时候……

中国人是幸福的，这幸福来自心怀人民的祖国。利比亚35 860名华人华侨全部迅速撤离的事实可以见证；中国飞机在尼泊尔发生8.1级强烈地震后第一个到达震区接回中国游客的举动可以见证；坐在家中可以“网”罗五湖四海锦衣美食的舒适可以见证；楼下小卖店用手机扫码付款的便捷也可以见证。

中国人是幸福的，这幸福还源自勇于负重前行的人民。1998 年跳入洪水的解放军战士激起的浪花可以见证；2008 年汶川地震的救护者疲惫不堪席地而卧的睡姿可以见证；冰雪中、冷月下边防哨所中国军人无悔坚守的身影可以见证；2020 年新冠肺炎疫情下医务工作者勇敢逆行的脚步也可以见证。

春有百花秋有月，夏有凉风冬有雪。中国人的幸福很抽象，也很具体，正如歌曲中唱的：房子大了电话小了，感觉越来越好；假期多了收入高了，工作越来越好；商品精了价格活了，心情越来越好；天更蓝了水更清了，环境越来越好……

摇晃的 17 条藤梯变成了牢固的 2 556 级钢梯，运送药品上下山有了无人机，多年与世隔绝的村民开起了农家乐，村里有了 4G 信号后年轻人成了“网红”…… 四川大凉山腹地曾经的“悬崖村”华丽变身，让曾经为它揪心的人们舒了一口气。作为新时代精准扶贫的新样本，“悬崖村”意气风发干劲十足，如果在未来能修建悬空栈道、悬崖天路、天村酒店等设施，发展乡村旅游，吸引游客前来，村民们在家门口就能过上红红火火的日子。

风雨砥砺不忘初心，春华秋实继往开来。70 多年披荆斩棘，70 多年风雨兼程，我们国家的发展发生了翻天覆地的变化，纵观中华民族上下五千年的厚重历史，再到当今世界经济舞台，中国雄狮的强大必定是感天动地的史诗级成就。

中华民族伟大复兴的中国梦，此时的中国，必定更加有信心，我们也更有底气去实现这个奋斗目标，全国上下、各族人民要更加紧密地团结在以习近平同志为核心的党中央周围，和衷共济，万众一心，为继续推动开创中国特色社会主义事业发展的新局面奋发图强！

第三节
一枝一叶总关情

人民是真正的英雄，人民是社会主义新中国的主人。在领导创建中华人民共和国国家政权前夕，毛泽东同志就郑重强调，“我们是人民民主专政，各级政府都要加上‘人民’二字，各种政权机关都要加上‘人民’二字，如法院叫人民法院，军队叫人民解放军”①。中国特色社会主义道路的创造性开辟和不断实践完善，在保证人民当家做主地位这个根本问题上实现了历史性突破。中国道路之所以屡经严峻考验而愈加坚定不移、在世界各种道路的竞争和比较中越走越宽广，根本奥秘正在于此。

① 中共中央文献研究室．毛泽东文集：第五卷［M］．北京：人民出版社，1996：135.

共产党人的灵魂之问

我是谁？依靠谁？为了谁？

这是共产党人的灵魂之问，也是时代之问。

对于一个政党来说，如果回答正确，它就是“送分题”，如果回答错误，它就可能是“送命题”。

中国共产党的答案很简单：人民。

共产党辛劳为人民，共产党一心救中国。在发展为了谁、发展依靠谁、发展成果由谁共享这个根本问题上，它始终瞄准的是满足人民美好生活需求的目标，当初打土豪、分田地是为了人民的安居乐业，现在乘势而上推进建设社会主义现代化国家，同样是为了人民的福祉与利益，是为了中国人民切切实实的幸福。

在不平凡的 2020 年，一则新闻在网上引起热议：舟山一民警收到《强制陪伴令》，责令强制陪伴生病在家的妻子。这位民警叫刘成攀，是舟山市公安局普陀区分局刑事侦查大队民警，也是一名共产党员。他的妻子冯汝凤是舟山市定海区中心医院的一名医务工作者。自 2020 年的抗疫阻击战打响以来，这对医警夫妻在这场没有硝烟的战争中，坚守着各自的工作岗位。2 月 14 日早上，冯汝凤因过度劳累，被医院领导和同事送回了家，医院及时将情况告知普陀区公安分局刑侦大队。刑侦大队领导立即向局领导汇报：“赶紧让刘成攀停止工作，回家照顾陪伴妻子！”

这一波安排温暖了很多人。

人民是谁？人民从来都不只是警察、医生所守护的人民，也包含默默守护人民的人民，人民是中国“心目中”的所有公民。

习近平总书记指出，“必须牢记我们的共和国是中华人民共和国，始终要把人民放在心中最高的位置”①。要牢固树立人民是时代的阅卷人这个信念，要时刻提醒自己任何一个时代都要以人民为中心。“小康不小康，关键看老乡。”人民所盼，就是我们工作的方向，人民所忧，就是我们奋斗的动力。

当习近平总书记提出的“确保到二〇二〇年我国现行标准下农村贫困人口实现脱贫，贫困县全部摘帽，解决区域性整体贫困，做到脱真贫、真脱贫”②这一目标成为现实时，我们无不感受到什么是“坚持把人民群众的小事当作自己的大事”，什么是始终把人民利益摆在至高无上的地位。

改革开放 40 多年来，我们着力推进社会保障制度改革。截至2020年，基本养老保险覆盖人数已超过9.5亿③，基本医疗保险覆盖

---

① 习近平系列重要讲话数据库．习近平在十三届全国人民代表大会第一次会议上的讲话［EB/OL］．（2018-03-21）［2021-04-07］．http://jhsjk.people.cn/article/29879544.

② 习近平系列重要讲话数据库．习近平：决胜全面建成小康社会 夺取新时代中国特色社会主义伟大胜利——在中国共产党第十九次全国代表大会上的报告［EB/OL］．（2017-10-27）［2021-02-05］．http://jhsjk.people.cn/article/29613458.

③ 人力资源和社会保障部．2020年人力资源和社会保障统计快报数据［EB/OL］．（2021-01-29）［2021-04-28］．http://www.mohrss.gov.cn/SYrlzyhshbzb/zwgk/szrs/tjsj/202101/t20210129_408673.html.

人数超过 13.5 亿[①]，而失业、工伤保险的参保人数均超过了 2 亿[②]。

再从群众最关心的教育来说。2020 年，我国劳动年龄人口平均受教育年限达 10.8 年；[③]至 2019 年，学前教育毛入园率达 83.4%，小学学龄儿童净入学率达 99.94%，初中阶段毛入学率达 102.6%，九年义务教育巩固率为 94.8%。[④]

而改革开放 40 余年，我国的高等教育累计培养了 9 900 万名高素质专门人才，职业学校累计培养 2 亿多名技术技能人才。[⑤]

对于我们党来说，党的一切奋斗都是为了人民，党和人民始终心连心、同呼吸、共命运，我们党的党性和人民性始终是高度统一的。正如习近平同志所指出的："从本质上说，坚持党性就是坚持人民性，坚持人民性也就是坚持党性，没有脱离人民性的党性，也

---

① 国家医疗保障局 . 2020 年医疗保障事业发展统计快报［EB/OL］.（2021-03-08）［2021-04-28］. http://www.nhsa.gov.cn/art/2021/3/8/art_7_4590.html.

② 人力资源和社会保障部 . 2020 年人力资源和社会保障统计快报数据［EB/OL］.（2021-01-29）［2021-04-28］. http://www.mohrss.gov.cn/SYrlzyhshbzb/zwgk/szrs/tjsj/202101/t20210129_408673.html.

③ 佘颖 . 我国劳动年龄人口平均受教育年限为 10.8 年［N］. 经济日报，2021-04-01（8）.

④ 教育部 . 2019 年全国教育事业发展统计公报［EB/OL］.（2020-05-20）［2021-04-28］. http://www.moe.gov.cn/jyb_sjzl/sjzl_fztjgb/202005/t20200520_456751.html.

⑤ 陈宝生 . 教育：改革开放的先行者、受益者、助力者［EB/OL］.（2018-12-13）［2021-04-28］. http://www.moe.gov.cn/jyb_xwfb/moe_176/201812/t20181213_363144.html.

没有脱离党性的人民性。”①

历史与实践一再证明，中国共产党为了人民，依靠人民，这就是我们的立党之本、力量之源、执政之基。

以行动换真心

在江西省井冈山市，习近平总书记庄严承诺：“在扶贫的路上，不能落下一个贫困家庭，丢下一个贫困群众。”②

在广东清远，习近平总书记说：“乡亲们一天不脱贫，我就一天放不下心来。”③

在重庆华溪村，习近平总书记先后换了三种交通工具，专程来到深山中看望大家，实地了解“两不愁三保障”是不是真正落地了，实地探访人民吃得饱不饱、穿得暖不暖，以及教育、医疗、住房的落实情况。

在江西于都，他来到红军烈士后代孙观发的家里，拉家常，察

① 习近平系列重要讲话数据库.《习近平总书记系列重要讲话读本（2016年版）》十一、用社会主义核心价值观凝心聚力——关于建设社会主义文化强国［EB/OL］.（2016-05-05）［2021-04-07］. http://jhsjk.people.cn/article/28325925.

② 习近平系列重要讲话数据库.习近平春节前夕赴江西看望慰问广大干部群众［EB/OL］.（2016-02-03）［2021-04-07］. http://jhsjk.people.cn/article/28109272.

③ 习近平系列重要讲话数据库.习近平：高举新时代改革开放旗帜 把改革开放不断推向深入［EB/OL］.（2018-10-25）［2021-04-07］. http://jhsjk.people.cn/article/30363314.

实情，承诺要让老区人民过上幸福生活。

在甘肃武威，他提出“党的一切工作都是为老百姓利益着想，让老百姓幸福就是党的事业”[①]。

在河南光山，他说：“追求更加幸福的美好生活是永恒的主题，是永远的进行时。”[②]

50 多次赴各地考察，14 个集中连片的贫困区，从大兴安岭到秦巴山区，从黄土高坡到云贵高原，从武夷山区到乌蒙山区，从大别山区到吕梁山区，习近平总书记的扶贫足迹就是答案。

截至 2019 年年末，全国农村贫困人口减贫速度显著提速，从 2012 年年末的 9 899 万人减少至 551 万人，累计减少 9 348 万人，越来越多的家庭步入小康水平，口袋越来越鼓。贫困发生率显著降低，从 2012 年的 10.2% 下降至 0.6%，实现质的跨越，累计下降 9.6 个百分点。

我们再来看看 2019 年几个区域的数据，最难啃的西部地区农村贫困人口数字从 916 万降至 323 万；中部地区农村贫困人口数字从 597 万降至 181 万；而东部地区的农村贫困人口仅剩 47 万人。2019 年各省份贫困发生率普遍下降至 2.2% 及以下……而 2020 年，脱

---

① 习近平系列重要讲话数据库．习近平在甘肃考察时强调 坚定信心开拓创新真抓实干 团结一心开创富民兴陇新局面［EB/OL］.（2019-08-22）［2021-04-07］. http://jhsjk.people.cn/article/31311942.

② 习近平系列重要讲话数据库．习近平：脱贫后生活还要芝麻开花节节高［EB/OL］.（2019-09-18）［2021-04-07］. http://jhsjk.people.cn/article/31359504.

贫攻坚战取得重大胜利，在两个一百年交汇点上，全面小康，大大可期！

在2021年的新年贺词中，习近平总书记说："2020年，全面建成小康社会取得伟大历史性成就，决战脱贫攻坚取得决定性胜利。我们向深度贫困堡垒发起总攻，啃下了最难啃的'硬骨头'。历经8年，现行标准下近1亿农村贫困人口全部脱贫，832个贫困县全部摘帽。"①

2021年2月25日，习近平总书记在全国脱贫攻坚总结表彰大会上庄严宣告："经过全党全国各族人民共同努力，在迎来中国共产党成立一百周年的重要时刻，我国脱贫攻坚战取得了全面胜利……区域性整体贫困得到解决，完成了消除绝对贫困的艰巨任务，创造了又一个彪炳史册的人间奇迹！这是中国人民的伟大光荣，是中国共产党的伟大光荣，是中华民族的伟大光荣！"②

这一串串令世人惊讶的数字就是答案。

中国如火如荼的脱贫攻坚决战，将使中国提前10年完成联合国2030年可持续发展议程消灭极端贫困的目标。

世界银行原行长金墉评价，中国的扶贫是"人类历史上最伟大的故事之一"。

---

① 习近平系列重要讲话数据库．国家主席习近平发表二〇二一年新年贺词［EB/OL］．（2020-12-31）［2021-04-07］．http://jhsjk.people.cn/article/31986154.

② 习近平系列重要讲话数据库．在全国脱贫攻坚总结表彰大会上的讲话［EB/OL］．（2021-02-26）［2021-04-11］．http://jhsjk.people.cn/article/32037154.

联合国副秘书长泰格埃格奈瓦克·盖图在接受记者采访时表示："中国对待减贫工作一丝不苟，堪称全球典范。"

联合国粮农组织驻中国代表马文森接受记者采访时表示："我们需要分享中国的成功，同时乐于了解取得这些成功的重要因素，比如精准扶贫的战略，以及创新的思路和做法。这些对整个世界都至关重要。"

坦桑尼亚驻华大使姆贝尔瓦·凯鲁基说："中国是全世界减贫最成功的国家，对实现全球减贫目标做出了积极贡献，令世界赞叹。"

国际社会的高度评价就是答案。

当然，最珍贵的一份答案，在人民的心里。

因为，人民才是阅卷人。

比如扶贫，既然是"扶"，就不是"给"，而是"授之以渔"；既然是社会主义事业，就要采取社会主义的原则，引导"联合"；既然是精准扶贫，就要因户施策。这是"中国式扶贫"的智慧。

贫困人口"两不愁三保障"，贫困户的"建档立卡""产业扶贫、易地扶贫搬迁、就业扶贫、危房改造、教育扶贫、健康扶贫、生态扶贫"多管齐下、因地制宜，一场如火如荼的脱贫攻坚战在中国大地上前所未有地铺展开来。

老百姓说，幸福不只是所有的期待都能得到满足，还包括我们有敢于做梦的勇气和实现梦想的路径。

于是，越来越多的农民从外出打工仔完美逆袭，成为返乡创业大老板。乡村旅游、电商、民宿、特种养殖……广阔天地，大有可为。

这不仅是绿叶对根的情意，更是党和国家对人民的心意。

时间给出的答案

时间是最好的判官，时间里有最好的答案。

很多人了解的《十八洞村》，是一部时长124分钟的电影，而现实中的十八洞村华丽转身的故事124天也说不完。“授人以鱼只救一时之急，授人以渔则可解一生之需。”我们的党和国家把贫困人民放在心窝里，不只是一味地呵护与溺爱，更重要的是提供机会，让他们跟上社会发展的脚步，变富变强。

中国经济历经坎坷，迎风破浪，砥砺前行，经济速度实现高速增长，从一穷二白到成为世界第二大经济体，中国经济的航船越走越稳，创造了一个又一个“中国奇迹”。但是崛起中也注定要承担发展带来的挑战与问题，其中比较突出的问题就是资源环境与经济发展之间的矛盾，传统发展方式所带来的高污染、高消耗已不适合当前绿色发展理念。

新中国成立初期，山河破碎，经济凋敝，百废待兴。那个时候的主要精力放在发展经济上，在环境保护方面处于环境保护意识的觉醒期和早期探索期。

改革开放后，生态环境保护进入立法期和环境法律体系架构与完善期，开始植树造林、绿化祖国、造福后代。

20世纪90年代，在现代化建设中，我党把实现可持续发展作为一个重大战略，退耕还林，再造秀美山川，绿化、美化祖国。

党的十八大以来，以习近平同志为核心的党中央坚强领导，以优良作风书写了中国特色社会主义生态文明新时代崭新的时代答卷，形成了习近平生态文明思想。

习近平总书记在陕西考察时提出深刻论断，“人不负青山，青山定不负人”，“要牢固树立绿水青山就是金山银山的理念”，“推进绿色发展，打好蓝天、碧水、净土保卫战”[①]，真正诠释了人与自然和谐共生的生态建设思考。

就这样，我们发现，雾霾少了，河里的水清澈了，绿化环境越来越好了……人民富足的同时，生存环境也越来越与自然相和谐。

这是一个最好的时代，因为我们有一心为人民的领路人和一心跟党走的勤劳勇敢的人民。他们一起奏响了时代的最强音，谱写了社会主义和谐社会的幸福乐章。

面对未来的新画卷，让我们走吧，现在就出发！

---

① 习近平系列重要讲话数据库. 习近平在陕西考察时强调 扎实做好“六稳”工作落实“六保”任务　奋力谱写陕西新时代追赶超越新篇章［EB/OL］.（2020-04-23）［2021-04-07］. http://jhsjk.people.cn/article/31685652.

第四节
中国道路的成功密码

公元前 321 年，萨姆尼特人在古罗马卡夫丁城附近的“卡夫丁峡谷”击败了罗马军队，并迫使罗马战俘从峡谷中用长矛架起的形似城门的“牛轭”下通过，以此来羞辱战败军队。后来，“卡夫丁峡谷”就成为人们心中的“耻辱之谷”，意为人们在发展过程中遇到的艰难和挑战。马克思曾经指出，只有在资本主义高度发达的国家才能建立社会主义社会，落后的生产力水平就成了很多国家能否建立社会主义社会的“卡夫丁峡谷”。马克思晚年在针对俄国等东方国家的社会主义前途问题时，提出了俄国可以在农村公社集体占有制的基础上，跨越资本主义制度的“卡夫丁峡谷”，直接进入更高级的社会形态，即社会主义社会。30 多年后，俄国建立了世界上第一个社会主义国家，成功跨越了“卡夫丁峡谷”，而 100 年后的中国，不仅跨越了“卡夫丁峡谷”，更开辟了一条带领 14 亿中国人民大步迈向实现中华民族伟大复兴的、中国独有的特色社会主义道路。

科学社会主义是个啥?

中国特色社会主义道路坚持了科学社会主义的基本原则，同时它在特殊的时代背景下又极具鲜明的中国特色。这就是为什么说中国特色社会主义是从社会主义中提炼而来的。因此，社会主义可以说是中国特色社会主义最显著、最鲜明的底色，同时也是其本质所在，脱离了科学社会主义基本原则，就无法产生中国特色社会主义这一伟大突破与实践。追本溯源，中国特色社会主义道路自信等同于对科学社会主义的自信。

一个符合社会发展规律的主义

1848 年，历久弥新的红色经典——《共产党宣言》发表，标志着马克思主义的诞生，同时标志着科学社会主义的形成。科学社会主义之所以被称为“科学”，是因为它以唯物史观为视角，深刻揭示了资本主义社会内在的基本矛盾，即生产社会化和资本主义生产资料私有制之间的矛盾，并旗帜鲜明地提出两个“不可避免”，预测社会主义必然会胜利，资本主义必然会失败。当然，更重要的是，马克思主义还指明了通往共产主义的道路，即通过阶级斗争，建立无产阶级专政，然后通过促进生产力发展，推动社会主义的建设与发展，进而实现社会主义社会过渡到共产主义社会的宏伟目标。

中国共产党正是跟随着科学社会主义基本原理的指引，再融合中国的独特国情，逐渐找到了适合中国现代化发展的正确方向，开辟了中国特色社会主义道路这一伟大创造。党的十八大报告曾明确指出："对马克思主义的信仰，对社会主义和共产主义的信念，是共产党人的政治灵魂，是共产党人经受住任何考验的精神支柱。"① 从1921年中国共产党成立的那一刻起，我们就在为实现共产主义的最高理想而不懈努力，新民主主义革命、社会主义三大改造、改革开放开辟的中国特色社会主义，我们都在用实际行动诠释着马克思主义的强大生命力，展现着共产主义理想的美好图景。

共产主义不是一蹴而就的，需要的是几代人、十几代人甚至几十代人的接力奋斗。对于"共产主义"社会究竟是什么样子，马克思与恩格斯坚信，"未来社会"将形成这样一个联合体，在这个联合体中，任何一个人的自由与发展是一切人的自由与发展的重要条件。"无产者在这个革命中失去的只是锁链。他们获得的将是整个世界。"② 虽然我们囿于当前实践水平的限制，还无法对它进行更加详尽而周密的描绘，但我们所处的是中国特色社会主义建设共产主义社会必须要经历的发展阶段，我们所追求与正在实现的"经济高质量发展""人民民主""共同富裕""人与自然和谐共生""人类命运共同体"等，表明我们正在向着共产主义的最高目标不断迈进，

① 中国共产党新闻网．坚定不移沿着中国特色社会主义道路前进　为全面建成小康社会而奋斗——胡锦涛在中国共产党第十八次全国代表大会上的报告［EB/OL］.（2012-11-08）［2021-04-07］. http://cpc.people.com.cn/n/2012/1118/c64094-19612151-12.html.

② 中共中央马克思恩格斯列宁斯大林著作编译局．马克思恩格斯文集：第二卷［M］. 北京：人民出版社，2009：66.

向着实现共产主义“各尽所能，按需分配”“人的自由而全面的发展”而不懈努力。

一个遵循生产力与生产关系的主义

这条道路坚持以经济建设为中心，遵循哪些原则呢？第一个是生产力决定生产关系；第二个是生产关系要适应生产力发展；第三个是必须大力解放与发展生产力，这样才能够不断推动生产关系的日趋完善。马克思在《政治经济学批判》序言也进一步揭示了生产力与生产关系、经济基础与上层建筑之间的矛盾统一关系。

知易行难。历史上的我们曾经因为过分关注生产价值，狭隘地追求过高的生产关系，结果严重忽视了生产力发展的决定性，走了很多弯路，留下了很多教训。因此，在社会主义初级阶段，我们更是要以解放和发展生产力为首要任务，正如邓小平同志所说：“贫穷不是社会主义，社会主义要消灭贫穷。不发展生产力，不提高人民的生活水平，不能说是符合社会主义要求的。”①

那么，如何解放生产力和促进生产力发展呢？咱们只能改革开放，解决生产关系无法适应生产力发展水平的问题，这样才能更好地促进生产力的发展，而生产力水平的提高，又会推动生产关系不断完善，向着更高阶段的水平发展。因此，我们在世界上创造性地开创了社会主义市场经济体制，建立了以公有制为主体、多种所有

---

① 邓小平．邓小平文选：第三卷［M］．北京：人民出版社，1993：116.

制经济共同发展的基本经济制度，实现政府的宏观调控与市场调节的决定作用有机协调起来，这既确保了社会主义基本性质，同时又能最大限度地调动各种经济主体的积极性，推动生产力不断向前发展。而这也是我们能够在短短四十余年间，走完西方发达国家几百年工业化进程，一跃成为世界上第二大经济体、对世界经济贡献率达 30% 的主要原因。

在大力发展经济的同时，我们也逐步践行着“先富带动后富，最终达到共同富裕”的根本目标。我们大力推进“扶贫攻坚”的战略，打响了“决胜全面建成小康社会”的攻坚战，助力 7 亿多人口摆脱贫困，在世界脱贫史上书写了永不磨灭的中国奇迹。

中国共产党为什么能?

中国特色社会主义为什么好？凭什么行？其核心就在于始终坚持中国共产党的领导。没有中国共产党，就没有新中国，也不会有中国特色社会主义的宏伟发展事业。可以说，中国特色社会主义道路、理论、制度和文化，加上中国共产党的坚强领导，最终形成了一个不可分割的统一整体。中国特色社会主义道路是中国共产党领导人民“摸着石头过河”开创的，没有中国共产党的领导，我们就无法走上中国特色社会主义的道路。

捧得一颗红心来

我们党为什么叫中国共产党？其根本原因就是自它成立之日起，它的远大理想就是实现共产主义。

在“马克思主义”这一伟大真理指引下，一代又一代的中国共产党员不畏艰难，不怕牺牲。高举共产主义旗帜的第一人李大钊，在行刑前，行刑官问他要不要写遗言给家人，他却义正词严地说：“我是崇信共产主义者，知有主义不知有家，为主义而死份也，何函也！”“砍头不要紧，只要主义真”的夏明翰被捕后，在给妻子郑家钧的信中写道：“抛头颅，洒热血，明翰早已视等闲。‘各取所需’终有日，革命事业代代传。红珠留作相思念，赤云（夏明翰的女儿夏芸）孤苦望成全。坚持革命继吾志，誓将真理传人寰！”在这些革命志士的信仰传承与接力下，中国共产党薪火相传，完成新民主主义革命任务，成立中华人民共和国。

在改革开放建设新时期，一批又一批共产党员始终冲在实现中国特色社会主义共同理想的最前线，在平凡的岗位上，用一辈子的坚守书写着不平凡的人生篇章。他们中有“60 多年深藏功名，一辈子坚守初心”的张富清，有“将青春洒在扶贫最前线”的黄文秀，有在生死面前说出“你退后，让我来”的杜富国，有“特别能吃苦、特别能战斗、特别能攻关、特别能奉献”的载人航天工作者，还有无数个坚守着初心、坚守着理想、坚守着信仰的平凡的共产党员，正是因为他们的辛勤耕耘与勇于担当，才推动中国特色社会主义事业不断焕发强大生命力。

芳林新叶催陈叶

翻阅一部党史，我们就是在不断自我革命中日臻完善、向前发展的，曾经的我们走了很多弯路，也走过很多错路，有一些路还是走不通的死路，“左”倾、右倾都曾经占据过我们党的指导思想，甚至让我们党数次面临生死考验，但最终，我们为什么能走出一条中国特色社会主义道路，而且是越走越自信，越走越开阔的路？中国共产党又为什么起死回生、峰回路转，在一次又一次陷入事业低谷后，总能迎来关键的转折点，不仅完成了历史与人民赋予我们的历史使命，而且在世界创造性地探索了一条已经被实践检验的现代化建设之路？

答案只有一个，那就是这是一个勇于自我革命的党。

马克思主义的建党学说认为，要使工人阶级获得解放，必须组成一个不同于其他政党的自觉的无产阶级政党。这种自觉就是能够自我革新、自我净化、自我完善、自我提高。中国共产党从成立之日起，就遵循着马克思主义政党的建党原则，勇于刀刃向内，通过自我革命来推动社会革命的发展。从党的一大时的“最高纲领”到二大时的“最低纲领”，从“武装反抗国民党”到“工农武装割据”，从延安整风、西柏坡“两个务必”自我警醒再到进京“赶考”的自我激励，我们在革命时期通过自我革命，一次又一次地将革命危机化险为夷。在社会主义建设和改革时期，从“三反”“五反”

运动到“七千人大会”上的批评和自我批评，从党的十一届三中全会的拨乱反正到十一届五中全会通过的《关于党内政治生活的若干准则》，再到十八届六中全会确定的《关于新形势下党内政治生活的若干准则》，从反腐倡廉到全面从严治党，从“群众路线”实践教育到“三严三实”“两学一做”学习教育，再到“不忘初心、牢记使命”主题教育，中国共产党的自我革命始终在路上。

守正创新出真招

中国共产党百年的发展历程，就是中国共产党传承优良传统与作风，不断将马克思主义基本原理与中国革命、建设及改革的实际相结合，守正创新，接力奋斗，不断开创中国共产党治国理政、社会主义建设、人类社会发展新境界的历史过程。有的东西一直在变，比如时代环境、阶段任务、奋斗目标；有的东西却始终未变，比如最高信仰、初心宗旨、优良传统与作风；有的东西既在变也没有变，比如指导思想。变与不变之间，折射出了中国共产党人因时而宜的“守正创新”品格。

守正就是坚持我们的最高信仰、初心宗旨不变，就是传承好我们党的优良作风与传统、红色精神和模范品格。中国共产党在近百年的奋斗历程中，基于新民主主义革命、社会主义建设、改革开放事业的需要，经过锤炼，形成了许多优良传统。比如，我们在革命时期形成的“三大法宝”（统一战线、武装斗争、党的建设）和锤炼的“三大作风”（理论联系实际、密切联系群众、批评与自我批评）等。在新中国成立 70 周年国庆大阅兵中，专门设置的战旗方队，更是集中展示了各时期的荣誉功勋部队的战旗，以表达对革命先烈的深切缅怀、对荣誉功勋部队的始终铭记、对优良传统作风的接续传承。从南湖边的红船精神、土地革命时期的井冈山精神、吃苦耐劳的长征精神再到抗战精神与延安精神，这些伟大革命精神与价值内涵，正是我们党夺取一切胜利的强大精神力量，也是我们必须传承的红色基因。

创新就是在守正的基础上，基于不同时代、不同阶段、不同环境下历史任务的变化，结合我国革命、建设、改革的实际，推动马克思主义和中国实际的结合，不断赋予马克思主义新的时代内涵。其实，中国共产党一路走来，就是在将马克思主义普遍原理创新性地运用到中国实际中，探索一条符合中国国情的革命、建设、改革道路。从毛泽东思想到邓小平理论，再到“三个代表”重要思想、科学发展观，再到当下指引新时代中国乘风破浪的习近平新时代中国特色社会主义思想，从“什么是社会主义、怎样建设社会主义”到加深“什么是社会主义、怎样建设社会主义和建设什么样的党、怎样建设党”的认识，再到新形势下“实现什么样的发展、怎样发展”等重大问题，再到“新时代坚持和发展什么样的中国特色社会主义、如何坚持和发展中国特色社会主义”，在理论的不断创新之下，中国特色社会主义道路越来越开阔。守正与创新的结合，不断推动中国共产党人一棒接着一棒跑，带领中国人民在全面建成社会主义现代化强国的道路上且歌且行。

鞋子合适，路才能走好

如果把生产力看成“脚”，那么生产关系就好比“鞋子”。鞋子合脚了才能跑得快，脚才能更舒适；反之，鞋子不合脚，走路就会很不方便，当鞋子完全不合脚、走路都会摔跤的时候，鞋子就必须更换了。

马克思说：“手推磨产生的是封建主的社会，蒸汽磨产生的是工业资本家的社会。”[①] 从原始社会发展至奴隶社会，从封建社会转变为资本主义社会，很多国家都是在遵循这个规律的基础上，螺旋式向前发展的。

因此，到这里我们再来看看开头时提出的问题，中国特色社会主义凭借什么跨越了“卡夫丁峡谷”，让科学社会主义在21世纪的中国焕发出强大生机活力呢?

答案有很多，维度也会有很多，但究其根本，就是因为中国特色社会主义是在科学社会主义下形成的，中国共产党的领导是中国特色社会主义最鲜明、最本质的特征，中国特色社会主义一直以人民利益为核心。中国特色社会主义走的就是我们自己走出来的、适合我们自己的一条道路，中国特色社会主义的科学性、先进性、人民性必将为社会主义现代化强国的建设和中华民族伟大复兴的中国梦的实现增添源源不断的动力，提供坚若磐石的保障。

---

① 中共中央马克思恩格斯列宁斯大林著作编译局 . 马克思恩格斯文集：第一卷［M］. 北京：人民出版社，2009：602.

第五节
跨越“陷阱”的中国道路

著名历史学家斯塔夫里阿诺斯曾感慨，中国在 1405—1433 年进行了七次远航，规模、范围远超一个世纪之后的哥伦布、麦哲伦和达·伽马等人，假如中国人像欧洲人那样，搞出来一个地理大发现，那么世界将是另外一个样子。不难看出，中国是一个文明型国家，与资本主义逻辑中的殖民扩张有着根本不同。

“修昔底德陷阱”：西方的话语陷阱

什么是“修昔底德陷阱”？实际上，它和古希腊历史学家修昔底德没有直接的关联，其提出者是美国学者格雷厄姆·艾利森。艾利森为了给 21 世纪的中美关系定性，根据修昔底德对当年“雅典实力的增长和因而引起斯巴达的恐惧”这一历史事件的描述，人为杜撰出了一个“一山不容二虎”的“修昔底德陷阱”。在艾利森看来，现存大国面对新崛起大国的挑战，势必会采取某些措施消除潜在的威胁，以保持自身大国地位不动摇，这将造成战争的不可避免性。历史中也确实存在古雅典与斯巴达之战、日本发动对外侵略战争、德国发动世界大战的例子。之后“修昔底德陷阱”一词便常常出现在分析中美关系的文章中。

2015年，艾利森来到清华大学，做了题为“中美能否避免修昔底德陷阱”的演讲，“修昔底德陷阱”得到中国知识界和媒体界的普遍关注。2017年，艾利森出版了他的新书《注定一战：中美能避免修昔底德陷阱吗？》，系统回顾了1789年法国大革命至今世界体系中的大国争霸。他的研究团队认为，在世界上主要的16个崛起大国挑战守成大国的案例中，有12次都发生了战争，落入了这个“陷阱”。

崛起的中国与守成的美国及其盟国之间的关系困境，会不会引发“修昔底德陷阱”呢？

习近平主席在华盛顿州当地政府和美国友好团体联合欢迎宴会上的演讲中说道：“我们要坚持以事实为依据，防止三人成虎，也不疑邻盗斧，不能戴着有色眼镜观察对方。世界上本无‘修昔底德陷阱’，但大国之间一再发生战略误判，就可能自己给自己造成‘修昔底德陷阱’。”①

---

① 习近平系列重要讲话数据库.习近平在华盛顿州当地政府和美国友好团体联合欢迎宴会上的演讲［EB/OL］.（2015-09-23）［2021-04-07］. http://jhsjk.people.cn/article/27625724.

实际上，“修昔底德陷阱”尽管在以西方为中心的近现代国际体系中能够得到部分印证，但在经济全球化的今天已经不适用了。美国历史学家保罗·肯尼迪在《大国的兴衰》一书中梳理了1500年以来的世界经济变迁和军事冲突，发现其间大国之间发生的战争就远远超过16个。而第二次世界大战结束至今，各种国际冲突和地区战乱依旧存在，但大国之间再也没有爆发战争。

如此看来，“修昔底德陷阱”代表了西方少数国家的一种成见。他们认定，中国的崛起会挑战少数西方国家的霸权，全球性冲突因此将不可避免，其充其量只是西方传统国际关系理论的学术推论或猜想，要知道，“修昔底德陷阱”可被看作一种历史现象，但它绝不是基于推论和猜想的历史规律。在国际舞台上，少数西方国家非常善于使用“话语陷阱”来进行舆论打压和攻击，也就是把自身的价值观包装在一个看似中性的议题、理论或者概念里，形成一种隐藏在强势话语背后的陷阱或者圈套。

我们可以这样还原“修昔底德陷阱”作为话语陷阱的本质：“修昔底德陷阱”在形式上是做古今对比，在方法上并不是根据历史检视现实，而是为心中早有定见的现实判断套上了一层古典的外衣，使其成为一种伪经典概念。修昔底德本人的思想是国际关系和历史研究的重要对象，这些研究并不容易为大众所熟知，而经过精心包装的“修昔底德陷阱”，则将两千多年前的修昔底德和古希腊历史进行了简单化、抽象化，实际上只是为一个彻头彻尾的现代概念借来一个具有历史感的名称而已。这种包装的迷惑性在于，容易让不熟谙历史的普通民众和政治精英认为“修昔底德陷阱”就是对历史规律的总结，中美关系也将是这种逻辑的延续。

2014 年 1 月，《世界邮报》创刊号刊登了对习近平主席的专访。针对一些人对中国迅速崛起后必将与美国发生冲突的担忧，习近平指出：“我们都应该努力避免陷入‘修昔底德陷阱’，强国只能追求霸权的主张不适用于中国，中国没有实施这种行动的基因。”①

合则两利，斗则俱伤。人类社会发展到今天，各国经济联结空前紧密，现代国际关系完全是一幅全新的图景，我们有条件、有能力跨越“修昔底德陷阱”。

“金德尔伯格陷阱”：西方的政策陷阱

我们再来看看另外一个陷阱——“金德尔伯格陷阱”。

美国著名世界经济史学家查尔斯·P. 金德尔伯格认为，20 世纪 30 年代的灾难起源于美国取代英国成为全球最大强权，但又未能像英国一样承担起为全球提供公共产品的责任。美国尽管取代英国成为世界最大经济体，但未能接替英国扮演的角色，结果导致了全球经济体系陷入衰退、种族灭绝和世界大战。对于全球化而言，就缺少了全球公共产品的提供者。

① 习近平系列重要讲话数据库 . 习近平对世界如是说［EB/OL］.（2015-11-23）［2021-04-07］. http://jhsjk.people.cn/article/27842860.

2017年1月，美国政治学家约瑟夫·奈提出“金德尔伯格陷阱”理论。他认为：中国崛起以后的动向可能不是“示强”，而是“示弱”，即不愿承担目前美国无力负责的重要国际公共产品的供给，从而使世界陷入领导力空缺、危机四起的险境。

如果说“修昔底德陷阱”说的是新兴大国与守成大国是否会发生战争的问题，那么“金德尔伯格陷阱”指的则是新兴大国能否提供公共产品治理全球的问题。

大家都知道，作为全球头号强国的美国近几年疯狂“退群”。美国先是退出了TPP（跨太平洋伙伴关系协定），留下日本等一群小伙伴目瞪口呆；接着又退出了《巴黎协定》，让欧洲气愤不已；继而退出了联合国教科文组织，赖账5亿美元，这种做法空前绝后；然后又退出了联合国人权理事会，最注重人权的国家不想提人权了；美国退出万国邮政联盟的理由也令人匪夷所思；美国还退出了伊朗核协定；退出了中导条约，欧洲、亚太和拉美等地区的战略稳定受到巨大挑战；然后，美国退出了世界卫生组织……未来何去何从还需要边走边看。

与此同时，中国深入展开全方位、多层次、立体化的外交战略，积极营造良好的外交关系，坚持共商共建共享的全球治理观。例如，实施“一带一路”倡议，创办亚洲基础设施投资银行，与周边国家开展各类合作高峰论坛、亚太经合组织领导人非正式会议等。中国还倡导构建人类命运共同体，促进全球治理体系变革。

很显然，中国一方面秉持“韬光养晦”，同时寻求“有所作为”。但值得注意的是，中国参与全球治理的方式依然是“决不当头”，倡导的是“共商共建共享”的治理观。

中国的崛起是一种从参与式崛起到融入式崛起最后到建设性崛起的进程。也就是说，中国不是通过战争的方式，颠覆既有国际体系来崛起的，而是通过经济上的对外开放，逐渐融入既有国际体系之中的，既有的国际体系为中国崛起提供了可持续性和制度性的收益。因此，维护和建设好既有的国际体系，符合中国的长期利益。

在应对“金德尔伯格陷阱”方面，中国担起了大国责任，体现了大国担当。习近平主席在第 73 届世界卫生大会视频会议开幕式上致辞时，提出了中国推进全球抗疫合作五大举措：中国将在两年内提供 20 亿美元国际援助，用于支持受疫情影响的国家特别是发展中国家抗疫斗争以及经济社会恢复发展；中国将同联合国合作，在华设立全球人道主义应急仓库和枢纽，努力确保抗疫物资供应链，并建立运输和清关绿色通道；中国将建立 30 个中非对口医院合作机制，加快建设非洲疾控中心总部，助力非洲提升疾病防控能力；中国新冠疫苗研发完成并投入使用后，将作为全球公共产品，为实现疫苗在发展中国家的可及性和可担负性做出中国贡献；中国将同二十国集团成员一道落实“暂缓最贫困国家债务偿付倡议”，并愿同国际社会一道，加大对疫情特别重、压力特别大的国家的支持力度，帮助其克服当前困难。[①]

由此可见，中国崛起是负责任的崛起，中国的崛起并没有导致国际公共产品的缺失，只是对既有的国际公共产品进行改革和创新，由于国际形势的变化，世界需要全新的国际公共产品。中国正是全新国际公共产品的提供者，这充分体现了中国的世界责任！

跨越“陷阱”的中国方案

世界上本无“修昔底德陷阱”，亦无“金德尔伯格陷阱”。所谓的“陷阱”，不过是对人类历史的误读和对西方理论的迷信而已。

改革开放以来，中国国家实力不断提升，为参与全球治理奠定坚实基础。国际金融危机爆发以来，中国对世界经济增长的贡献率超过 30%，为世界的繁荣稳定做出了重要贡献。今天，在全球治理的任何一个领域，中国的参与都极大地促成了成功。

2011 年，国务院新闻办公室发布《中国的和平发展》。这部白皮书指出，不同制度、不同类型、不同发展阶段的国家相互依存、利益交融，形成“你中有我、我中有你”的命运共同体。[②] 第一次

---

① 习近平系列重要讲话数据库．习近平在第 73 届世界卫生大会视频会议开幕式上的致辞［EB/OL］．(2020-05-18) [2021-05-14]. http://jhsjk.people.cn/article/31713792.

② 国务院新闻办公室．《中国的和平发展》白皮书（全文)[EB/OL].(2011-09-06)［2021-04-07］. http://www.scio.gov.cn/zxbd/nd/2011/document/999798/999798_4.htm.

声明用命运共同体的方式来化解全世界的国际分歧矛盾，回应“陷阱”理论包装背后的政策陷阱。

2013 年 3 月，习近平主席在莫斯科国际关系学院的演讲中，第一次在外交场合提到“命运共同体”概念，指出，“这个世界，和平、发展、合作、共赢成为时代潮流”[①]。此后，习近平主席在国际、国内不同场合上百次提到“命运共同体”概念，并先后创造性地提出了“中非命运共同体”“中国—东盟命运共同体”“亚太命运共同体”“中拉命运共同体”“网络空间命运共同体”“核安全命运共同体”等具体理念。

2017 年 1 月，习近平在联合国日内瓦总部发表题为《共同构建人类命运共同体》的主旨演讲，阐述了中国“为何要推动构建人类命运共同体、要构建一个什么样的人类命运共同体，以及怎样构建人类命运共同体”这三大基本问题。此次演讲全面明确了“人类命运共同体”理念的动因、愿景与实施路径，显著提升了这一理念的影响力和感召力。[②]此后至今，习近平主席在第一届“一带一路”国际合作高峰论坛、党的十九大、中央外事工作委员会第一次会议、中非合作论坛北京峰会等多个重要场合，详细阐述其内涵、愿

① 习近平系列重要讲话数据库 . 习近平：顺应时代前进潮流　促进世界和平发展——在莫斯科国际关系学院的演讲［EB/OL］.（2013-03-24）［2021-04-07］. http://jhsjk.people.cn/article/20893328.

② 习近平系列重要讲话数据库 . 习近平：共同构建人类命运共同体［EB/OL］.（2017-01-20）［2021-04-23］. http://jhsjk.people.cn/article/29037658.

景与路径。不断倡导人类命运共同体意识，展现“同舟共济，权责共担，增进人类共同利益”的合作意愿。

习近平总书记在党的十九大报告中强调指出：“构建人类命运共同体，建设持久和平、普遍安全、共同繁荣、开放包容、清洁美丽的世界。”[①] 习近平总书记用五个“要”系统阐述了怎样构建人类命运共同体，即要相互尊重、平等协商，坚决摒弃冷战思维和强权政治；要坚持以对话解决争端、以协商化解分歧；要同舟共济，促进贸易和投资自由化便利化；要尊重世界文明多样性；要坚持环境友好。[②]

“命运共同体”概念提出之初即在海外引起积极反响。俄罗斯国际事务理事会主任安德烈·科尔图诺夫认为，习近平主席的“命运共同体”理念所体现的长远眼光和宏大目标给人留下了深刻印象。这一理念体现了对世界大势的清醒判断和对未来走向的准确把握。法国巴黎第八大学中国问题专家皮埃尔·皮卡尔认为，这一理念体现了中国促进人类和平与发展的态度，“构建命运共同体”理

---

① 习近平系列重要讲话数据库．习近平：决胜全面建成小康社会 夺取新时代中国特色社会主义伟大胜利——在中国共产党第十九次全国代表大会上的报告［EB/OL］.（2017-10-27）［2021-02-05］. http://jhsjk.people.cn/article/29613458.

② 习近平系列重要讲话数据库．习近平：决胜全面建成小康社会 夺取新时代中国特色社会主义伟大胜利——在中国共产党第十九次全国代表大会上的报告［EB/OL］.（2017-10-27）［2021-02-05］. http://jhsjk.people.cn/article/29613458.

念对于全球发展具有非常重要的意义。

2017年，联合国社会发展委员会第55届会议协商一致通过“非洲发展新伙伴关系的社会层面”决议，“构建人类命运共同体”理念首次被写入联合国决议。3月17日，“构建人类命运共同体”写入联合国安理会关于阿富汗问题的第2344号决议；11月2日，“构建人类命运共同体”又写入联大“防止外空军备竞赛进一步切实措施”和“不首先在外空放置武器”两份安全决议……短短一年间，“构建人类命运共同体”理念载入联合国多份不同层面决议。在中国国际问题研究院国际战略研究所副所长苏晓晖看来，这表示中国方案作为一把解决国际问题的“总钥匙”得到了认可。

当前，全球面临着严重的治理危机，金融风险、民粹思潮等此起彼伏，贫富差距、发展鸿沟等愈加深刻。据联合国难民署统计，2018年，全球难民人数达到2 590万，比2017年增加50万。难民因为冲突、战争或迫害而被迫逃离自己的国家。战乱冲突、贫穷落后是难民问题的主要根源。无论是推动世界发展、维护全球安全，还是应对气候变化、打击恐怖主义，都需要各国共同书写国际规则，在具有全新智慧的顶层设计下具体落实推进。

一花独放不是春，百花齐放春满园。“人类命运共同体”理念崇尚“各美其美，美人之美，美美与共，天下大同”，充分体现了中国跨越“修昔底德陷阱”“金德尔伯格陷阱”的自信、智慧与担当。正如习近平总书记指出的：“中国倡导国际社会共同构建人类命运共同体，建立以合作共赢为核心的新型国际关系，坚持国际关系民主化，坚持正确义利观，坚持通过对话协商以和平方式解决国家间的分歧和争端。我们将同世界各国一道，维护世界和平，捍卫公平正义，推进共同繁荣。……中国将同各国一道，逢山开路、遇河架桥。世界上的路，只有走的人多了，才会越来越宽广。”[①]

① 习近平系列重要讲话数据库．习近平在伦敦金融城市长晚宴上的演讲［EB/OL］．（2015-10-22）［2021-04-07］．http://jhsjk.people.cn/article/27728591.

结语
星辰大海，我们携手共进

中国特色社会主义道路来之不易。这条路，从中华人民共和国成立 70 多年的接续探索中走来，从鸦片战争后 180 多年中华民族苦难辉煌的发展历程中走来，从中华民族 5 000 多年源远流长的华夏文明传承中走来，具有深厚的历史底蕴和广泛的现实基础。

纵观世界历史，一些国家在实现社会转型时，大都经历了国内外矛盾激化的痛苦历程。当无法解决国内矛盾时，这些国家把社会矛盾转嫁到其他国家和地区，要么扩张侵略，要么殖民掠夺，给世界带来了动荡和灾难。

我国走中国特色社会主义道路，实行改革开放，通过和平发展、合作发展，凭借中国人的智慧，实现社会的成功转型。这一切，既坚持独立自主、自力更生，又持续推动经济全球化，既改变中华民族的命运，又深刻影响人类历史进程。

雄关漫道真如铁，而今迈步从头越。回顾走过的路，是为了更好地前行。从南湖红船上一大代表期待的目光，到南昌起义将士们浴血奋战的火光，我们的星火燎原之势“敢教日月换新天”。从遥远的罗布泊原子弹爆炸的轰隆声，到小岗村 18 位农民按下红手印时“扑通扑通”的心跳声，我们的人民有着“敢为天下先”的精神。从党带领人民摸着石头过河，到 14 亿人万众一心创造中国奇迹，我们的大国崛起之志创造了越来越多的“当惊世界殊”。

世界上本来没有路，走的人多了，也就有了路。

大道通天，环球同此凉热。

星辰大海，我们携手共进。

第二篇

理论自信

导语

从庖丁解牛说起

理论是什么？

理论是高深莫测，晦涩难懂，还是枯燥无味？理论是闪电、精华，还是武器？

理论很简单，也很复杂。我们看到的、摸到的、闻到的、想到的，五官之内，基本都可以用理论来加以认识和解释。

理论是一把双刃剑，关键是掌握在谁手里。

理论有什么用呢？什么是理论自信？

中国古代有一个庖丁解牛的故事，庖丁宰牛的时候为什么游刃有余？答案是熟能生巧。关键是他经过了多年的努力，认真全面深入地研究了牛的身体构造，又经过了长期的宰牛实践，从而掌握了宰牛的规律，这个规律就是他的“理论”。然后，他把这种理论自信又运用到新的实践中，宰牛的技能就升格为解牛的艺术。

理论不是从天而降的，也不是由内而生的，而是内外作用的产物。理论的生成过程，就是发现问题、分析问题、解决问题的过程。这个过程也是螺旋式上升的过程，随着我们对问题、事物认识的不断深入，我们掌握的信息越全面，对未来出现的新问题、新事物就越有办法，越有信心。理论自信是自己对事物认识、实践过程的收放自如、圆融通达，如太极般飘逸、潇洒，既能在泰山压顶时坦然处之，又能在喜悦时不动声色。

理论所概括的规律、认识，不是单一、孤立的，而是相互联系的。庖丁的解牛理论和具体实践过程，被梁惠王看到了、了解了、学习了，很快就转化为他的养生理论。梁惠王在位 52 年，活了 81 岁，这就是理论自信的实践成果。

要想说清楚理论自信，就要说清楚理论源头、内涵，以及转化、实践、发展的过程，就要回答理论是什么、为什么要有理论、理论有什么用的问题。同时，还要回答以下问题：我们的理论是什么？我们为什么选择这个理论而不选择那个理论？我们是怎么从理论不自信走向理论自信的？我们的理论最终把我们引向何方？

第一节
“全世界无产者联合起来”
——追寻马克思主义理论的初心

《中国共产党章程》开宗明义：“中国共产党以马克思列宁主义、毛泽东思想、邓小平理论、‘三个代表’重要思想、科学发展观、习近平新时代中国特色社会主义思想作为自己的行动指南。”这个行动指南就是我们的理论。指南给我们指明大方向，为我们提供基本办事原则，是我们行动的根本遵循。

火车跑得快，全凭车头带。马克思主义理论就是我们的火车头，也是整个世界共产主义运动的火车头。中国共产党人的初心和使命，就是为中国人民谋幸福，为中华民族谋复兴。追根溯源，中国共产党初心和使命的源头就是马克思主义理论。

为什么选择马克思主义作为我们的理论，而不是别的什么理论呢？马克思主义到底是什么？为什么这个理论会产生如此大的力量，能改变一个国家和民族的命运？

有理就能走遍天下吗？

老百姓常说，有理走遍天下，无理寸步难行。这个理，就是道理，是人的言行举止的规矩、规则、规范。那么，什么是理论呢？

理，从说文解字的角度看，从玉，里声，治玉也，即把玉从璞石里剖分出来，顺着内在的纹路剖析雕琢，引申出纹理之意。论，则从言从仑，指言明条理，分析阐明事物道理的文章、理论和言论。实际上也可以解释为从纷繁复杂、直观可见的现象当中抽象出一般的、有规律的东西，这个就是“理”，而将“理”用语言符号系统地表达出来，就构成了理论。这就如同上文提到的庖丁，他就是从大量解牛实践中，把看到的、用到的，经过联想、思考、理解，形成了自己的一套解牛思想观点和话语表达体系，即庖丁解牛理论。

理论的本质是对问题的追问。

人类的本质是什么？人类从何而来？又将走向何处？正是对这三个问题的追寻，构建了人类理性认识的基石和理论大厦。我们要从自己诞生之初来寻找答案，我们需要根据历史经验去预判未来之路在哪儿。对终极之问的探索、回答，构成了我们的世界观、人生观、价值观，构成了我们的思维基础，从而演化出千千万万个理论。

人类如何形成正确的理论？源于人们对美好生活的向往和追

求，源于人们的实践。

人类诞生之初，处于茹毛饮血状态，需要从自然中获取食物，有吃有喝有住，才能维持自身生存；同时又对大自然中的风雨雷电、洪水猛兽充满敬畏，对死亡充满恐惧，人类脆弱的生命稍不留意就可能终结。在这种矛盾的心态中，人类开始逐步尝试认识自己所生存的环境，让自己能够更好地、更长久地生存下来。从结绳记事、岩石壁画到文字出现，人类开始总结经验、发现规律，比如火能产生热，水在天气寒冷时会结冰；有些果实能吃，有些则不能；天冷的时候要御寒，天热的时候要避暑；人生病后用一些草汁能治愈；等等。这些知识现在看来都极其普通，但在早期人类那里，却可能需要长年累月的积累。

“仓廪实而知礼节，衣食足而知荣辱。”在社会生产发展到一定阶段之后，人类的生存环境相对稳定，于是群体中逐步诞生了掌握知识的人，这样的人既传承知识，也在积累、更新知识，他们要探索世界、认识世界、解释世界，还要对未来发展做出预判。

在尝试回答终极问题时，古人认为只有超自然的力量才能对自然现象进行合理的解释。于是，人们说服自己、安慰自己，把自己不理解的现象归因于精灵鬼怪、神仙魔兽。神话是人类早期不自觉的艺术创作，它往往借助想象和幻想把自然力量与客观世界拟人化。现在，很多备受人们喜爱的热门网络游戏、手机游戏，都与古代的神话故事相关，神话是古人认识世界的一种方式。

神话出现之后，出现了哲学与宗教，两者都属于人的精神活动，却又反过来影响着人的世界观、人生观、价值观。前者基于思维，是一种依靠观察、推理、归纳等思维活动得出的理性认识；后者基于超验，是人类对未知世界的敬畏、对长生不老的崇拜，将现实世界归结为超自然神秘力量或实体，是一种依靠主观想象等精神活动得出的感性认识。

基于思维的哲学构成了理论的基础。德国哲学家卡尔·雅斯贝斯，将公元前800年到公元前200年称为“轴心时代”，认为这是人类精神从童蒙中突围的时代。中国的老子、庄子、孔子，古希腊的苏格拉底、柏拉图、亚里士多德，印度的乔达摩·悉达多等人，不约而同地将目光投向人类生存的基本问题，并试图从不同的维度，为这些问题提供终极性的解答和价值依据。[①]

西方思想史上第一个有记载的思想家叫泰勒斯，他提出了水本原说，即“万物源于水”，是古希腊第一个提出“什么是万物本原”这个哲学问题的人，被称为“西方哲学史上第一人”。泰勒斯也是理性主义精神、唯物主义传统和普遍性原则的首创者。在他之后，哲学延续这个传统，人们意识到认识世界万物的本原和规律不再需要依靠神话传说，而是需要依靠人的理性思考。

在对万物本质探索中，从泰勒斯的“水”到赫拉克利特的“火”，从德谟克里特的“原子”到亚里士多德的“以太”，从中国的“道”到西方的“逻各斯”……两千多年来，先贤们的思想成了

---

① 段炼．横读哲学——“倒读历史”的联想［J］．博览群书，2002（6）：11.

被历史之轮围绕着旋转的轴心。特别是古希腊理性主义传统和希伯来文化的宗教思想合流后，理性主义长河之中融入了弗朗西斯·培根的“知识就是力量”、笛卡儿的“我思故我在”、康德的“自在之物”、黑格尔的“绝对精神”等，种种理论喷涌而出。

及至近代，马克思、恩格斯批判地吸收了先贤们的思想理论，恩格斯在思想史上第一次明确指出：“全部哲学，特别是近代哲学的重大基本问题，是思维和存在的关系问题。”[①] 对哲学基本问题的回答是解决其他一切哲学问题的前提和基础，这为马克思主义理论大厦奠定了基石。

黑暗中的理论之光

“一个幽灵，共产主义的幽灵，在欧洲游荡。为了对这个幽灵进行神圣的围剿，旧欧洲的一切势力，教皇和沙皇、梅特涅和基佐、法国的激进派和德国的警察，都联合起来了。”[②]

一个新的理论而已，什么来头？为何这么令人畏惧、讨厌，以至旧欧洲的一切保守和反动势力开始联合起来要对这个幽灵进行“神圣围剿”？他们为什么这么惧怕“幽灵”？

---

① 中共中央马克思恩格斯列宁斯大林著作编译局．马克思恩格斯选集：第四卷［M］．北京：人民出版社，1995：223.

② 中共中央马克思恩格斯列宁斯大林著作编译局．马克思恩格斯选集：第一卷［M］．北京：人民出版社，1995：271.

在莎士比亚名剧《哈姆雷特》中，主人公在其国王父亲的幽灵指点中一步步发现父亲被杀的真相而展开复仇计划。此后，作为一种文学隐喻，幽灵成为一种与封建罪恶抗争的人文主义形象，最初代表着资产阶级。但资产阶级占据统治地位后，对工人血淋淋的剥削激发了强大的工人运动，使整个欧洲统治者惶惶不可终日，他们坚信共产主义是这一切动荡的幕后驱使者，将它喻为可怕的游魂、恐怖的幽灵。

西欧进入中世纪，人们将自己创造出来的神话、宗教推崇到最高层次，使其成为主宰人的“存在”，神权笼罩俗世，人活在神的阴影之下。与处于历史低谷期的西欧相伴的，有长达几个世纪的宗教战争，有造成欧洲三分之一人口死亡的黑死病，有蒙古铁骑的侵扰。思想被禁锢、技术发展停滞，因此这个时期被称为“黑暗时代”，是文明重现光明之前的至暗时刻。

“黑暗时代”并不全都是黑暗的，人们只要拥有活下去的目标，就能创造奇迹。在思想牢笼中，人们总会想方设法突破禁锢，产生新思想的火花。比如在意大利，人们就着地中海的便利，依靠外贸驱动型城市定位，顺利推动了经济转型，商业城市逐渐发达起来，意大利货贸行销世界的牌子逐渐树立起来。经济基础决定上层建筑，富起来的一群人，为了维护自身利益，开始向政治领域突进。怎么突破神权的统治？文艺是很好的突破口，于是先后出现了但丁的《神曲》、薄伽丘的《十日谈》，达·芬奇的《最后的晚餐》《蒙娜丽莎》，米开朗琪罗的《大卫》《摩西》等名著、名画、名雕塑。

14—16 世纪的文艺复兴运动，实际上是资产阶级反封建的新文化运动，借着复兴古希腊、古罗马的缘由表达新兴资产阶级的主张。

新文化运动之后，是不是就是思想解放运动？在文艺复兴的基础上，17—18 世纪的欧洲又兴起了一场反封建、反教会的资产阶级思想文化解放运动，即启蒙运动。这次的运动中心在法国，标榜以理性之光驱散中世纪黑暗，自由、平等、民主是其鲜明的政治主题，为欧洲资产阶级革命做了思想准备和舆论宣传。

思想大解放、生产力大进步，迫切需要生产关系大调整。大航海、大工业、大市场，让资产阶级初生牛犊不怕虎，左握资本、技术，右握坚船、利炮，把一切狭隘的国内市场变为世界市场，引发了全球化的浪潮，把中世纪一切经济内容和社会阶级、一切封建宗法或田园诗般的关系全部洗涤干净，把一切社会关系简化为赤裸裸的金钱关系。资产阶级按照自己的设想打造了一个属于自己的世界。

资产阶级的贪婪本性和无止境的私人占有，在创造一个新世界的同时，也打开了一个潘多拉的盒子。马克思、恩格斯说："这个曾经仿佛用法术创造了如此庞大的生产资料和交换手段的现代资产阶级社会，现在像一个魔法师一样不能再支配自己用法术呼唤出来的魔鬼了。"[①] 人们原以为这是个光明时代，然而，与之相伴的却是周期性的生产过剩、劳工大众困顿的生活、生态环境的破坏等。

---

① 中共中央马克思恩格斯列宁斯大林著作编译局 . 马克思恩格斯选集：第一卷［M］. 北京：人民出版社，1995 ：277.

一切并不像资产阶级说的那么美好。

人们向往的美好生活，是一种跨越国度、种族、文化的生活。在资产阶级理论宣扬的美好社会，为什么会出现如此矛盾的社会现象？有什么理论能够解释？人类社会何去何从？有人向往未来社会，因此社会主义、共产主义等思想涌现出来；有人认为应该动手实践，因此拿出自己的积蓄建设“新和谐公社”，打造人人共享的理想社会；更多的劳工大众则自发地反抗剥削、反抗压迫，从简单的破坏机器到大规模的罢工。尤其是欧洲三大工人运动，无产阶级自发地争取生存发展权利，标志着他们作为一个阶级觉醒了，作为独立的政治力量登上历史舞台。

实践是理论之源，时代是思想之母。早期无产阶级运动力量分散、效果不显，迫切需要一个科学理论的指导。有市场需求，就有产品出现。各种各样打着社会主义旗号的理论家，向工人组织兜售自己的理论。有的说，工人兄弟们不要争来争去啦，一切都是由上天安排的，你们就听天由命吧，这是宗教社会主义。有的说，工人兄弟们不要罢工了，我们每人都有选票，要在议会上进行斗争，这是民主社会主义。有的说，工人兄弟们不要急躁，我们可以用自由契约来代替政府、实现权利，这是蒲鲁东主义。还有布朗基主义、魏特林空想共产主义和“真正社会主义”等各种社会主义理论。

这么多理论，该信谁？什么理论才靠谱？这些问题考验着初生的工人运动组织——正义者同盟。直到1847年同盟代表大会上，马克思、恩格斯的理论征服了大家，得到了一致同意和通过。正义者同盟也由此更名为共产主义者同盟，成为世界第一个无产阶级政党。无产阶级政党有了自己正确、科学的理论，如同有了鲜活的灵魂，如同黑暗中有了指路明灯，国际工人运动为之一新。

人类思维的灿烂之花

理论永远不会凭空而来。理论是每个时代的人们对自己这个时代存在的问题的追问，是在实践中不断寻找解决问题的钥匙，是人类思维的高度抽象和凝练。

马克思主义理论是一朵灿烂的思维之花。它的诞生和成长，也需要土壤，需要时代环境，需要人们共同的努力。

牛顿曾经说过："我之所以能成功，是因为我站在巨人的肩上。"马克思、恩格斯之所以能创立马克思主义理论，就是因为他们站在了巨人的肩膀上，他们不仅拥有当时社会发展所提供的案例、土壤、养分，还批判继承和消化吸收了几千年来人类思想文化中的优秀成果，更勇于批判吸收德国古典哲学、英国古典政治经济学和法国空想社会主义学说。这也是马克思主义理论中哲学、政治经济学、科学社会主义三个基本组成部分的重要营养来源。

批判是马克思和恩格斯最常用、最锐利的武器，也是马克思主义理论长青的关键所在。

马克思、恩格斯批判地吸收了黑格尔辩证法的"合理内核"和费尔巴哈唯物主义的"基本内核"，创立了辩证唯物主义和历史唯物主义，构建了马克思主义哲学大厦。

马克思、恩格斯早期都是黑格尔的追随者，以青年黑格尔自居，但他们很快就把黑格尔当作批判对象。随后，他们又把目光转向了第一次在黑格尔唯心主义体系撕开口子的费尔巴哈，却发现他的体系过于机械、僵化。结果，费尔巴哈也成了马克思、恩格斯的批判对象。

百炼成钢。通过批判这个武器的锤炼，马克思、恩格斯吸收了黑格尔辩证法中的合理因素，保留了关于运动、变化、发展、对立统一、质量互变、否定之否定等概念，剔除了客观唯心主义思想杂质；吸收了费尔巴哈的唯物主义和人本主义思想，剔除了抽象的、空洞的、无声的“类”和直观的自然主义，特别是形而上学和历史观上的唯心主义杂质。马克思、恩格斯就像两个铁匠师傅，在批判的锤打中炼出了辩证唯物主义理论。

在资本主义如日中天的时候，在资本家的主角光环光芒四射的时候，以亚当·斯密和大卫·李嘉图等为代表构筑起了当时的资本主义经济理论大厦。

资本是当时最热的词语，也是人们认识资本主义社会的关键词。马克思、恩格斯又像庖丁一样，研究解剖资本主义社会本质、经济关系。马克思很清楚，要想深入研究资本主义大厦，就要“将人体解剖作为猴体解剖的钥匙”，把资本这块砖头取下来做切片研究。从最简单的商品开始，从小到大，从个别到一般，从特殊到普遍，从局部到整体，从国家到世界市场的研究中，最终发现了剩余价值的奥秘，揭示了资本主义生产和剥削的秘密，构建了马克思主义政治经济学大厦。

马克思、恩格斯批判地继承了空想社会主义学说，创立了科学社会主义理论，像绘画大师一般描绘了未来理想社会。到底什么是共产主义？是一个理想、一股思潮、一种空想、一门科学、一种意识形态、一套制度体系？“你们的绵羊本来是那么驯服，吃一点点就满足，现在据说变得很贪婪、很蛮横，甚至要把人吃掉……”早期空想社会主义者、英国人莫尔因为看不惯资本家丑恶贪婪的嘴脸和“羊吃人”现象，创作了《乌托邦》——他所向往的理想社会，紧随其后的康帕内拉、欧文、圣西门和傅立叶等，都期望建立一个没有阶级压迫和剥削、没有资本主义弊端的理想社会。但是，如果看不到生产力与生产关系之间的矛盾，看不到资本主义私有制的本质，看不到剩余价值中剥削的秘密，空想社会主义就只能是空中楼阁、无根浮萍，流于空想。

马克思、恩格斯拿起了批判的武器，像炼铁一样，把先贤们的思想剔除杂质，融合成新的思想理论；拿起了理论武器，像庖丁解牛、解剖麻雀一般，找到了资产阶级发家致富的奥秘，构建了政治经济学理论；发挥了自己的想象力，描绘了未来理想社会的蓝图——既要把人从神的国度里解放出来，又要把人从资本的世界中解放出来，更要把人从资本家所构建的思想牢笼中解放出来，形成了科学社会主义理论。

理论的种子已经埋下，静待生根发芽、茁壮成长。

第二节
“真理的味道非常甜”
——马克思主义理论来了

2012年11月29日，习近平总书记参观“复兴之路”展览，看到陈列柜中的《共产党宣言》中文译本时，讲了一个关于“信仰的味道”的故事。“一天，一个小伙子在家里奋笔疾书，妈妈在外面喊着说：‘你吃粽子要加红糖水，吃了吗？’他说：‘吃了吃了，甜极了。’结果老太太进门一看，这个小伙子埋头写书，嘴上全是黑墨水。结果吃错了，他旁边一碗红糖水，他没喝，把那个墨水给喝了。但是他浑然不觉啊，还说，‘可甜了可甜了’。这人是谁呢？就是陈望道，他当时在浙江义乌的家里，就是写这本书[①]。于是由此就

① 指翻译《共产党宣言》。——编者注

说了一句话：真理的味道非常甜。”[①]

理论起源于思想，源于人们对世界认识的变化。每一次人类社会的剧烈变化都会带来思想的变革。

在马克思眼中，推动社会发展的动力是社会基本矛盾。不同的社会、时代，所蕴含的矛盾也是不同的，甚至在不同阶级或同一阶级内部，矛盾都形形色色。中医治病讲究“望闻问切”，强调既治标又治本。对于如何解决社会问题，不同的理论家会开出不同的药方，如何找出病症病根，找到良药良方，从纷繁复杂的社会现象之中，找出矛盾，找出社会主要矛盾，提出科学、靠谱、对症下药的理论，也是非常考验人的事情。

正如近代的中国社会，各种政治力量逐一登台亮相，保皇、革命、民主、无政府等逐一试验，社会期望包治百病的良药出现，望穿秋水只为理论。

大幕徐徐拉开，就看谁能找准社会主要矛盾，就看谁的理论能解决根本问题，就看谁的理论能让人民群众过上好日子。

我们失掉了自信吗？

自 1840 年鸦片战争以来，中国进入百年屈辱的苦难岁月。时

---

① 央视网.《不忘初心 继续前进》第一集 举旗定向［Z/OL］.（2018-07-11）［2021-04-07］. https://tv.cctv.com/2018/07/11/VIDEtYpMK973WqhsNqT8o860180711.shtml.

局艰难，人心不古，国家动荡，民不聊生。

那个曾经无比骄傲的中国已经被折磨得弯下了腰，匍匐在西方列强的脚下。那个曾经号称天朝上国的中国已经日薄西山，在坚船利炮下伤痕累累，摇摇欲坠。那个曾经占世界经济一半、物产丰饶的东方帝国，已经被人煮炖成了一锅美食，一再被瓜分。那个曾经楚辞汉赋唐诗宋词元曲明小说各领风骚的国度，在西风东渐中迷失了自我，不知道未来之路在哪儿。

我们的自信哪里去了？我们的脊梁还能否挺得直？我们还能否重回世界舞台的中心？

这是每一个渴望祖国强大的仁人志士不断思索的问题。

随着外国资本主义的入侵，鸦片战争的爆发使中国的社会性质开始发生质的变化，从一个独立自主的封建王朝逐步沦为半殖民地半封建社会的国家。

中国的知识界首先受到了西方思想的冲击。如何用更先进的思想来改进中国、拯救中国，是当时知识分子的首要责任。“一千个读者心中有一千个哈姆雷特”，不同人、不同群体，对于用什么思想理论来拯救中国莫衷一是，甚至爆发了多场大规模论战。

我们举几个例子。

比如，维新派与封建顽固势力的论战。论战主要围绕三个问题进行：要不要变法；要不要兴民权，实行君主立宪；要不要提倡西学，改革教育制度。为什么明治维新可以让日本变得强大，而我们不行？日本改革了什么？日本改革的顺序是什么？结果发现，两国的改革顺序完全相反。我们只看到武器装备不如人，日本看到的是制度，不仅是政治制度，还有吃饭穿衣的软制度。维新派认为，我们只有改变制度，才能配得上现代化的技术变革。通过论战，作为新的经济力量和政治力量代表的资产阶级维新派，猛烈抨击了封建的旧制度、旧思想和旧文化，传播了西方资产阶级的自由平等学说和兴民权、实行君主立宪等进步主张，形成了近代以来中国的第一次思想解放潮流。不过因为力量太小，百日维新很快败下阵来。

比如，保皇派与革命派的论战。论战也主要围绕三个问题进行：要不要以暴力推翻清政府；要不要实行民主政治；要不要改变封建土地制度。通过论战，资产阶级革命派彻底揭穿了改良派企图通过改良来遏制革命的真面目，辩明了革命道理，腐败的清政府不仅无药可救，还成了封建土地所有制的顽固代表、阻挡中国进步和人民解放的巨大障碍，只有采取暴力的革命手段，才能推翻这腐朽统治。资产阶级革命派受到了普遍的拥护，使资产阶级民主革命思想得到了广泛传播，形成了近代以来中国的第二次思想解放潮流。结果就是武昌起义，推翻了清政府。

比如，在新文化运动中，激进的民主主义者提倡民主，反对封建的特权政治；提倡科学，反对迷信和愚昧；提倡资产阶级新道德，反对封建旧道德；提倡新文学，反对旧文学。以陈独秀、李大钊、鲁迅和胡适为代表的知识分子以《新青年》为阵地，在思想文化领域同封建势力展开了斗争。新文化运动唤醒了中国人民尤其是广大青年知识分子，促使他们抛弃腐朽的封建思想，追求民主与科学，追求救国救民的真理，形成了思想解放潮流。

五四运动后，马克思主义得到进一步传播，从根本上改造中国社会的呼声日益高涨。这引起了资产阶级改良主义者的反对。1919年7月，胡适发表《多研究些问题，少谈些“主义”》，反对“根本解决”中国的社会问题，主张一点一滴地进行改良。同年8月，李大钊发表《再论问题与主义》，指出问题与主义是不可分割的关系，“我们的社会运动，一方面固然要研究实际的问题，一方面也要宣传理想的主义”①。他针对胡适反对“根本解决”的观点，指出“必须有一个根本解决，才有把一个一个的具体问题都解决了的希望”②。

总之，关于“问题与主义”之争、走社会主义还是走资本主义道路及相关问题、社会主义与无政府主义等问题的一系列讨论，促进了马克思主义与中国实际的结合，为科学社会主义在中国的发展奠定了一定的基础。

艰难困苦的探索

不同的理论思想，代表不同的救国救民道路。在救国救民的道路上，每个阶层都在想办法，或选择君主立宪，或选择民主共和，

① 中国李大钊研究会．李大钊全集：第三卷［M］．北京：人民出版社，2006：2.
② 中国李大钊研究会．李大钊全集：第三卷［M］．北京：人民出版社，2006：6.

或选择改制改良，或选择暴力革命。各方力量纷纷登台亮相，实践自己救国救民的理论。

第一个向我们走来的是农民，他们的指导理论主要还是农民平均主义思想。

虽然太平天国起义时间久、规模大、影响深，但最终还是以失败而收场。在半殖民地半封建社会的中国，农民受压迫程度很深，改变现状的渴求也很强烈，但单纯的农民斗争不可能完成民族独立和人民解放的任务。农民自身的缺陷和思想上的不足，使其无法担负领导反帝反封建斗争的重任。

接着向我们走来的是以地主为代表的洋务派。

19 世纪 60 年代初，兴起了以“中学为体、西学为用”为指导思想的洋务运动——编练新式海陆军，开办学堂培养新式学生，兴办工商企业等。这一切都有利于资本主义经济的发展，也有利于社会风气的改变。可惜此路不通，中日甲午战争，清军一败涂地，标志着以“自强”“求富”为目标的洋务运动的失败。

然后向我们走来的是资产阶级改良派，他们的指导思想是西方资产阶级君主立宪思想。

在内忧外患的冲击和中西文化的碰撞过程中，一些人认识到，要想救国，只有维新；要想维新，只有学外国。但是，作为中国民族资产阶级登上政治舞台的第一次表演，维新变法还是失败了，这不但暴露了中国民族资产阶级的软弱性，而且再次暴露出清朝统治集团的腐朽与顽固，企图通过统治者走自上而下的改良，实现国家的独立、民主、富强是根本行不通的。

下一个登台的是资产阶级革命派，他们的指导理论是西方资产阶级的民主共和思想。

武昌起义掀起了辛亥革命的高潮，一个月内腐朽的清王朝迅速土崩瓦解，在中国延续了两千多年的封建帝制终于覆灭。可惜，袁世凯窃夺辛亥革命的果实，建立了代表大地主和买办资产阶级利益的北洋军阀反动政权。结果军阀混战，民国既不“民”又不“国”，社会经济遭到极大破坏。辛亥革命失败的根本原因是脱离国情，在帝国主义时代，在半殖民地半封建社会的中国，资产阶级共和国方案在中国行不通。

紧接着向我们走来的才是无产阶级及劳苦大众，他们的指导理论是马克思主义。

1919 年年初巴黎和会上的耻辱一幕，激起了中国各阶层的强烈愤怒。五四运动由此爆发，中国工人阶级开始以独立的姿态登上历史舞台。五四爱国运动突破学生、知识分子的狭小范围，发展成为有工人阶级、小资产阶级等参加的全国范围的群众性反帝爱国运动。

五四运动具备新的历史特点，成为中国革命的新阶段即新民主主义革命阶段的开端。在马克思主义传到中国 20 多年后，这颗种子生根发芽了。

1921 年，中国无产阶级政党——中国共产党诞生了，中国革命终于迎来了希望的曙光。

十月革命的炮响

在近代百年屈辱的历史中，无数仁人志士寻求救国救民的道路，他们甘愿抛头颅、洒热血，无怨无悔，奉献青春甚至生命。没有哪一个理论能像马克思主义那样激励先进的革命先驱，创造中华民族历史上的奇迹。

“砍头不要紧，只要主义真。杀了夏明翰，还有后来人。”

“为主义牺牲，为工农死节。不负天地生，无污父母血。”

“头可断、肢可折，革命精神不可灭。壮士头颅为党落，好汉身躯为群裂。”

……

马克思主义成为中国共产党人的信仰，就因为它是科学真理，就因为它是根植于大地、为大多数人着想的理论。

在十月革命以前的洋务运动时期，马克思主义就零星地出现在报纸杂志中。但是，并没有引起中国任何党派的高度注意。

随着新文化运动的兴起，各类思想思潮此起彼伏，又经过几次大的争论和政治实践，中国民众意识日渐觉醒，但是哪一个理论管用？哪一种思想真正能改变中国当时的状况？大多数人依然莫衷一是。

然而形势十分危急，连年军阀混战，经济更加恶化，人民群众生活更加困顿，国外势力纷纷入侵。尤其是在巴黎和会上，居然要把战败国德国在山东攫取的权益转给日本，而不是公正地归还中国。

“是可忍孰不可忍”，这一巴掌打醒了中国人，也打破了种种西方学说、思想迷梦，揭下了帝国主义所谓平等、自由、公平、正义的虚伪面纱。

在这无尽的黑暗之中，十月革命消息传来，布尔什维克的胜利，俄国革命的成功，犹如天边一道亮光，一下子点燃了中国先进知识分子心中那团憋屈已久的熊熊火焰。

1917 年 11 月 7 日，十月革命爆发当天，北洋政府驻俄公使刘镜人致电国内："近俄内争益烈，广义派（布尔什维克）势力益张，要求操政权，主和议，并以暴动相挟制。"次日，他再次发报："广义派联合兵、工反抗政府，经新组之革命军事会下令，凡政府命令非经该会核准，不得施行。昨已起事，夺国库，占车站……现城内各机关尽归革命党掌握，民间尚无骚扰情事。"[①]

十月革命爆发后，起初只有少数官员知悉。随后，才通过《民国日报》《申报》《晨钟报》等报道，渐渐在国内传播开来。

十月革命消息传来，李大钊备受鼓舞，连续发表了《法俄革命之比较观》《庶民的胜利》《布尔什维主义的胜利》《新纪元》等文章和演讲，热情地讴歌十月革命、赞扬十月革命，认为十月革命开辟了人类历史的新纪元，中国必须走俄国十月革命的道路。1918 年 11 月，李大钊在天安门前演说《庶民的胜利》时，毛泽东就是现场听众之一。

---

① 中国共产党新闻．十月革命的炮响是怎样传到中国的［EB/OL］.［2021-04-23］. http://cpc.people.com.cn/GB/85037/85039/8131848.html.

1949 年 3 月，毛泽东曾说：“30 年前我为了寻求救国救民的真理而奔波。还不错，吃了不少苦头，在北平遇到了一个大好人，就是李大钊同志。在他的帮助下，我才成为一个马列主义者……没有他的指点和指导，我今天还不知在哪里呢！”[①]

在当时，接受马克思主义的人屈指可数，他们当中有人参加过辛亥革命，有人参加过 1913 年二次革命，以及 1915 年、1917 年反对复辟帝制革命。他们当中很多都具有高中以上文化，很多人认为知识总是要引起行动，学习理论的目的就是进行实践，认同一种理论如果被证明是错误的就应该进行修正，只有经过实践才能证明理论的效用。他们都非常关切自己国家落后的现状，寻找为国献身的途径，他们“热爱中国，使之变为值得爱的国家”“不只是因为其生来就是中国公民”。在接受马克思主义之后，他们逐渐相信，“从前种种，皆是错误，皆是罪恶”。

思想、理论、组织、人员等各方面的条件逐步成熟，中国共产党的成立呼之欲出。这时共产国际也了解到了中国的情况，派遣了代表来中国，帮助中国先进分子按照列宁的建党理论和建党原则成立政党。

1921 年 7 月，中共一大召开，标志着中国共产党的成立。我们党从它诞生之日起，就把马克思主义确立为自己的指导思想。

---

① 关山远 . 100 年前，“北漂”青年毛泽东的励志故事［EB/OL］.（2019-01-14）［2021-04-23］. http://www.banyuetan.org/zllb/detail/20190114/1000200033137511547433150166954554_1.html.

任何一种理论，都不是万能的教义，都不是包治百病的灵丹妙药。马克思主义是真理，但它所概括的是世界无产阶级解放运动的一般规律，而各个国家与民族的情况千差万别。

建党初期的中国共产党，还处于较为幼稚的状态。比如，在认识和运用马克思主义理论上有着教条主义倾向；比如，在党的领导上受共产国际的影响；比如，没有充分认识到革命领导权及独立进行武装斗争的重要性，适合中国国情的革命道路也还在探索中；等等。

总之，在半殖民地半封建社会的中国进行革命和建设，必然会遇到许多特殊的复杂问题，把马克思主义视作教义和照搬外国经验，都不可能解决这些问题。

伟大的时代呼唤伟大的理论，伟大的理论需要伟大的实践。而这一切在中国土地上的上演，需要结合中国的国情，走中国人自己的路。

第三节
“理论和实际相联系”
——马克思主义中国化的第一次历史性飞跃

理论好不好，关键看疗效。如果不对症下药，不斟酌药量，也无法治病救人。

马克思主义理论从传入中国，到被中国先进分子接受，再到成为中国共产党的指导理论，并被中国共产党熟练地加以运用，就是一个不断对症下药、调整药方药量的过程，就是一个不断与中国实际相结合的过程，就是一个从外来理论到中国化的过程。

找到合适的对象不容易，找到合适的理论并引领实践成功更不容易。百年来，中国共产党在革命、建设和改革具体历程中，在推进马克思主义中国化的历史进程中，产生了两大理论成果：毛泽东思想和中国特色社会主义理论体系。

提出问题、解决问题，成为引导中国革命、建设、发展的基本逻辑。作为毛泽东思想的主要创造者，毛泽东是如何发现中国革命和建设问题、认识中国革命和建设问题，最终解决中国革命和建设问题的？

在把马克思主义理论与中国实际结合起来的基础上，毛泽东创造性、科学性、系统性地回答了三个问题：在一个半殖民地半封建社会的东方大国，如何实现新民主主义革命？如何实现从新民主主义向社会主义转变？怎样建设社会主义？

从农民、教员到无产阶级革命家

毛泽东出生于湖南湘潭的一个农民家庭。作为农民的儿子，毛泽东并没有把自己的思想束缚在土地上，而是不断地随着时代大潮向前涌动。他如饥似渴地学习一切能接触到的新思想，他接触了维新思想，喜欢梁启超的文章，既看卢梭的《民约论》、亚当·斯密的《原富》[1]、赫胥黎的《天演论》、斯宾塞的《群学肄言》[2]等，也看中国传统著作《资治通鉴》《昭明文选》《韩昌黎全集》《读史方舆纪要》等，他在寻找一切可能的出路。

辛亥革命中，他觉得当兵能解决中国问题，资产阶级民主革命能解决中国问题。但是军阀混战、各自割据，老百姓依旧困顿不

① 《原富》即《国富论》。——编者注
② 《群学肄言》即《社会学研究》。——编者注

堪。他困惑了，准备和同学一起去法国勤工俭学，为中国寻找一条新道路。他到北京去筹措路费，接触到了马克思主义，很快就被这个理论深深吸引了："我一旦接受了马克思主义是对历史的正确解释以后，我对马克思主义的信仰就没有动摇过。"①

思想中的化学反应，让他看到了未来之路。大革命轰轰烈烈的时候，毛泽东在广州创办了农民运动讲习所。他出身农民，了解土地、了解农民，他在马克思主义理论中看到了人民的力量，看到了农民在中国革命中的潜力和爆发力。"我要研究农民"，这可能是他心中不断回荡的声响。这期间，他所写的《中国社会各阶级的分析》和《湖南农民运动考察报告》，系统论述了中国革命的一些基本问题，体现了马克思主义和中国具体实际相结合的最初成果。

《中国社会各阶级的分析》开篇提出：谁是我们的敌人？谁是我们的朋友？这个问题是革命的首要问题。②

这是一篇充满马克思主义分析方法的文章，也是马克思主义理论和中国革命结合的一次尝试。在这里我们看到了中国共产党人的问题意识，有了第一步的"提出问题"，才有第二步的"解决问题"。

面对革命，首先要搞清楚"我是谁""依靠谁""打倒谁"。毛泽东就是从这里着手，通过分析当时中国社会的各阶级情况，准确、科学地回答了这些问题。毛泽东在农民运动中不断地研究、实

---

① 中共中央文献研究室 . 毛泽东年谱：1893—1949（上卷）［M］. 北京：中央文献出版社，2002 ：57.

② 毛泽东 . 毛泽东选集：第一卷［M］. 北京：人民出版社，1991 ：3.

践并积累了丰富的农民运动经验，他最擅长的事情就是宣传农民、组织农民、引导农民、发动农民。因为出色的农民运动工作，1926年11月，他被任命为中共中央农民运动委员会书记。

然而，他的想法并没有得到重视。当时的毛泽东没上过大学，没有太多显赫的资历，没怎么在大城市生活过，也没有留学经历。更为关键的是，当时党内很多知识分子认为马克思主义是武装工人阶级的思想武器，他们眼中没有农民，甚至认为中国的农民还意味着愚昧、落后、保守、自私。毛泽东并没有气馁，而是始终在默默做事，关注时局，关注农民、农村。

机遇总是留给有准备的人。

在共产国际的撮合下，中国共产党和中国国民党进行了第一次国共合作。与国民党相比，中国共产党还是个新手，还比较青涩稚嫩。在当时中国数以百计的政党中，中国共产党只是很普通的一个党派，包括一些党内同志也没有意识到这个党的价值所在和成长潜力。

大革命注定要失败，处在幼年时期的中国共产党要经历的困苦也早就埋下了伏笔。1927年4月、7月，蒋介石、汪精卫相继叛变革命。在白色恐怖的笼罩之下，中国革命从高潮进入低谷，党员数量从1927年4月高峰时期的近6万人下降到同年年底的1万余人。

猝不及防的打击带来了很多问题，这是怎么了？为什么会这样？我们该怎么办？在1927年8月7日的紧急会议上，毛泽东提出了“枪杆子里出政权”。但是这个武装斗争该怎么操作？大家都没什么经验，只能翻翻马克思、恩格斯的著作，只能看看隔壁邻居成功的经验。按照经典作家的本本，无产阶级革命必须从中心城市发生，在这种指导思想的指引下，我们党开始领导武装起义，占领大城市。

我们来看看部分城市起义。

南昌起义：1927 年 8 月 1 日，中国共产党领导部分国民革命军在江西省南昌市举行武装起义。起义失败，退出南昌南下。

广州起义：1927 年 12 月 11 日，中国共产党在广州领导工人、农民和革命士兵举行武装起义。起义失败，撤出广州。

面对接连失败，问题逐渐浮现：是继续攻打中心城市，还是从国情出发，另寻他路？

以毛泽东为代表的中国共产党人，在血与火的教训中，已经认识到理论必须联系实际，马克思主义理论必须和中国革命实际相结合。他们在具体革命实践中开辟了“农村包围城市，武装夺取政权”的革命道路。

也正是在这一时期，毛泽东先后写了《中国的红色政权为什么能够存在？》（1928 年 10 月）、《井冈山的斗争》（1928 年 11 月）、《关于纠正党内的错误思想》（1929 年 12 月）、《星星之火，可以燎原》（1930 年 1 月）、《反对本本主义》（1930 年 5 月）等文章，初步创立了农村包围城市、武装夺取政权的有中国特色的革命道路理论。

“星星之火，可以燎原”

“星星之火，可以燎原。”这是革命豪情的体现，是革命自信的体现，也是对未来的无限憧憬。

但是这八个字背后，是重逾千斤的责任。

毛泽东在创建井冈山革命根据地的过程中，逐渐摸索出一条符合中国革命实际的道路，即以农村为中心，在组织和武装群众的同时，波浪式地向外扩大根据地，并促进革命高潮的来临，最终实现包围城市、建立全国政权的目标。这和马克思主义提出的武装夺取政权，建立无产阶级专政的思想是一致的，只是在方式、方法上更符合中国国情与现状。

从事根据地的建设，我们的党和红军需要人、钱、物，不可能永远依靠袁文才、王佐这些“绿林好汉”的支持，也不可能只靠没收富人财产来支撑。因此，共产党需要形成自己的土地分配制度，建立一支强大军队，并以更有力的方式推动社会、经济改革，凝聚人心、汇聚资源，实现革命的持续发展，尤为关键的是寻找到体系化地支撑制度、体制、机制的理论。

首先是思想问题。1927 年 9 月，毛泽东领导湘赣边界秋收起义部队到达三湾时，正值当地红薯收获时节。在初次助民劳动中，有的官兵吃了老乡的红薯，老乡对此有些意见。毛泽东心里非常清楚，我们党的这支队伍是革命队伍，要帮助贫苦阶层翻身、建立一个人人平等的新世界，不是上山当土匪、当山大王的，不能滑到农民起义当皇帝的老路上。

马克思说，要改造世界，既要改造客观世界，也要改造主观世界，尤其是主观世界。毛泽东当时面临的问题，就是如何改造大部分人的主观世界。我们党为什么要开会，就是要通过学习、交流、批评与自我批评来改造主观思想，我们党要保持纯洁性、先进性，就必须在改造主观思想上下功夫，而且必须实现这个目标，如果不能做到这一点，不是会走老路，就是会走邪路。

其次是组织问题。现在我们对“民主集中制”“下级服从上级、全党服从中央”“从群众中来，到群众中去”等耳熟能详。但在当时，我们队伍中还存留着严重的封建色彩和旧军队中的习气，对群众有藐视心理，不能俯下身子当小学生。1929 年 12 月的古田会议，毛泽东坚决强调，群众有批评红军错误、帮助红军改正错误的权利，以及党的决议应当通过群众来贯彻实施。如果不赋予队伍灵魂与血性，不赋予队伍自我纠正的机制，一支分光吃净的队伍是不可能获得胜利的，而群众路线就是最好的监督机制和动力机制。

1928 年，毛泽东宣布了工农革命军“六项注意”：第一，上门板；第二，捆铺草；第三，说话要和气；第四，买卖公平；第五，不拉夫；第六，不打人，不骂人。①

最后是本本主义问题。在共产党成立初期，甚至发展壮大时期，共产国际一直都在施加自己的影响，根据自己在莫斯科的判断来指挥中国革命的发展，而在共产党的领导层中，又有一批人对共产国际始终抱着崇拜、信任的心理，坚决执行共产国际的指示。但中国情况实在不能再以这种方式进行了。在井冈山，毛泽东领导的

① 齐小林 . 三大纪律八项注意［N］. 光明日报，2016-05-08（7）.

前敌委员会用了5个月时间才恢复与湖南省委的联系。中央交给毛泽东的信6个月后才到达。湘鄂西的贺龙直到1929年春天才知道1928年6—7月在莫斯科举行的六大上的决议。这种落后的通信方式，根本无法实现半年前甚至一年前共产国际、中共中央的决议。在《反对本本主义》中，毛泽东提出了“没有调查，就没有发言权”的论断，坚决反对把党代会的决议当作“本本”来看待，党的章程与决议必须体现党的思想路线，而党的思想路线必须是科学的结论，没有科学理论的支撑，就不能形成党的正确的思想路线。

有了根据地，才有了共产党的自我造血功能。解决了这些问题，才疏通了共产党发展的血脉，而这些都是构建适合自身革命理论的基础。党的“三大作风”（理论联系实际、密切联系群众、批评与自我批评）和“三大法宝”（统一战线、武装斗争、党的建设）在这一时期有了基本雏形。

正确的革命理论种子播撒下去，很快就达到了燎原的效果。

1927年10月，毛泽东开始创建井冈山根据地。到1931年秋，短短的4年时间里，中国共产党领导人民创建了十多块“工农武装割据”的农村革命根据地。

1930年12月—1931年9月，毛泽东、朱德领导红一方面军连续取得第一、二、三次反“围剿”的胜利，赣南、闽西两块革命根据地连成一片，形成了以瑞金为中心的拥有21座县城、5万平方公里面积、250万人口的全国最大的根据地——中央根据地。

1931年11月7—20日，中华苏维埃第一次全国代表大会在瑞金隆重开幕。毛泽东当选主席，项英、张国焘（未到职）任副主席。大会通过了《中华苏维埃共和国宪法大纲》。

理性认识来源于实践，既要指导实践，也要接受实践的检验，只有这样，才能指引我们从胜利走向胜利，才是科学、正确的理论。

中华苏维埃政府的建立，是党建立人民政权的探索和尝试，揭开了“创造中国新社会的序幕”，为抗日战争、解放战争时期的根据地建设，以及后来新中国的政权建设，提供了丰富的历史经验。

正是在这个过程中，毛泽东运用马克思主义普遍真理，深入考察中国社会实际情况，科学总结对敌斗争和治国安民的历史经验，初步形成了毛泽东思想的基本构架和活的灵魂。正如毛泽东在中华苏维埃共和国临时中央政府成立时所说：“党开辟了人民政权的道路，因此也就学会了治国安民的艺术。党创造了坚强的武装部队，因此也就学会了战争的艺术。”①

如何遵循马克思主义理论，如何用马克思主义理论指导中国革命，一直都是我们党早期领导层中始终无法绕开的问题。大革命失败后，坚决接受并实施共产国际的决定、指示，将自身作为共产国际的一个支部看待，这种倾向仍然没有得到改变。苏俄的城市中心论、百分之百的布尔什维克等，仍然拥有神圣的光环。同样，共产国际内部的纷争也延伸到了我们党的内部。但脱离现实带来的结果

① 中共中央文献编辑委员会 . 毛泽东著作选读［M］. 北京：人民出版社，1986：315.

也显而易见，党内先后出现了三次“左”倾错误：瞿秋白“左”倾盲动错误（1927 年 11 月—1928 年 4 月），李立三“左”倾冒险错误（1930 年 6—9 月），王明“左”倾教条主义（1931 年 1 月—遵义会议前）。

1933 年 9 月—1934 年夏，由于指挥战略错误，红军屡次失利，形势严峻。1934 年 10 月 10 日夜间，中共中央和红军总部共 8.6 万余人悄然从瑞金出发，进行战略转移，开始了悲壮的、前途未卜的漫漫征程。

从 1930 年 1 月的《星星之火，可以燎原》到 1936 年的《中国革命战争的战略问题》，毛泽东的思想迅速成熟起来，尤其是经历了大革命失败后。从走上井冈山开始，到创建中央苏区、中华苏维埃，再到长征、陕北会师，他对中国革命发展规律的认识逐步加深，更加坚定了以武装斗争、土地革命、根据地建设为基本内容的“农村包围城市”道路理论。他在总结前期革命经验基础上，深刻认识到马克思主义基本原理与中国实际相结合的重要性，中国的革命既不能像十月革命那样从大城市首先暴动而去夺取全国政权，也不能刻板地抄用北伐战争经验，而是要在乡村建立根据地，发展红军，等到敌强我弱的力量对比发生根本变化时，再去攻占敌人占领的大城市。

革命的实践证明了理论的正确性，对理论的信心和认同也在革命实践中逐步建立起来。

“在毛泽东的旗帜下胜利前进”

从1935年10月19日中共中央“落户”陕北，到1948年3月23日东渡黄河，迎接革命胜利，这近13年时间是我们党的发展壮大时期，也是理论成熟时期，不仅形成了毛泽东思想，还将其作为我们党的指导思想，也在军事、经济、社会、文化等各个方面将理论转化为具体实践。

1937年12月7日，毛泽东当选为中共中央革命军事委员会主席。延安时期，毛泽东在黄土高坡低矮的窑洞里，开始了他思想上的长征。中国革命要想取得在全国的胜利，光靠红军是不行的，光靠控制地盘也是不行的，要有自己的主张，要有自己的理论路线、方针政策。

延安的生活非常艰苦，毛泽东看到碗里有野菜就很高兴了：“这是很好的菜嘛！”即使是在吃野菜的时候，他也在思考中国革命的问题。问题导向、问题意识，是他思考的基础。他在延安撰写了大量的理论文献来指导中国的革命，并构建起毛泽东思想的体系：

关于新民主主义革命，如《中国革命与中国共产党》《新民主主义论》《论联合政府》等；

关于军队建设和军事战略，如《论持久战》《战争和战略问题》《抗日游击战争的战略问题》等；

关于政策和策略，如《目前抗日统一战线中的策略问题》《论政策》《关于目前党的政策中的几个重要问题》《关于帝国主义和一切反动派是不是真老虎的问题》等；

关于思想政治工作和文化工作，如《在延安文艺座谈会上的讲话》《纪念白求恩》《为人民服务》《愚公移山》等；

关于党的建设，如《整顿党的作风》《反对党八股》《改造我们的学习》《反对自由主义》《关于纠正党内的错误思想》等。

1937年4—8月，毛泽东在延安抗日军政大学当起了教员，而他教授的科目叫“新哲学”。“台上一分钟，台下十年功。”毛泽东的新哲学是他吸收马克思主义基本原理，结合多年的中国革命经验，得出来的理论思想和结论。毛泽东曾说：“我准备了一宿的讲稿，结果上去半个钟头就讲没了。讲矛盾统一法则，我花了四天三夜，才准备好了讲课提纲，哪知半天都讲完了。岂不折本了吗？”[①]

而他三个月的授课成果凝聚成了两部划时代的著作：《矛盾论》《实践论》。这两部著作标志着毛泽东以20世纪人类伟大思想家的形象，屹立于世界舞台。法国哲学家阿尔都塞在《保卫马克思》一书中称，毛泽东这两部著作把马克思主义和人类思想推向了全新的高度。

毛泽东这两本书，既没有旁征博引，也没有晦涩难懂的概念词汇，用简单的故事讲述了大道理，用朴素的逻辑讲清了原理和方

---

① 韩毓海.重读毛泽东，从1893到1949［M］.北京：中国少年儿童出版社，2016：275.

法。正因为朴实才显得深刻，这是用革命鲜血铸就的思想升华，是我们理论自信的万丈豪情。

矛盾、实践是马克思主义理论中最核心的概念，毛泽东深刻洞察并掌握了马克思主义的精髓，将其融入中国革命血脉，形成了马克思主义中国化的理论成果。“凡举事必循法以动，变法者因时而化”。马克思主义基本原理不与中国实际相结合，行吗？中国的革命道路不与中国实际道路相联系，可以吗？答案是否定的。

1938 年 10 月，在党的六届六中全会上，毛泽东首次提出“马克思主义中国化”的命题。1941 年 3 月，党的理论工作者张如心在《论布尔什维克的教育家》一文中，首次使用了“毛泽东同志的思想”的提法。1943 年 7 月 5 日，王稼祥在《中国共产党与中国民族解放的道路》一文中，首先使用了“毛泽东思想”这个概念。1945 年 4 月 23 日至 6 月 11 日，中共七大在延安胜利召开，党的七大第一次明确地把毛泽东思想确立为全党的指导思想，并庄严地写入党章。

毛泽东思想是马克思主义中国化第一次历史性飞跃的理论成果。在毛泽东思想的指导下，我们找到了一条新民主主义革命的正确道路，建立了新中国，在中国这样一个人口众多、经济文化落后的大国建立了社会主义制度。正是在总结一次次失败经验的基础上，在丰富的实践中、在曲折的发展中，我们党的理论自信逐步建立起来了。

第四节
“实践是理论之源”
——马克思主义中国化的第二次历史性飞跃

开药的人都知道，药量不同，千差万别，同一症状，不同人、不同时刻，用药不同，效果也自然不同。可见，治病救人虽有良方，药量也要恰到好处。

从一个熟悉的领域进入一个陌生领域，刚开始手忙脚乱是不可避免的，但是如果经历了几十年还是不知所措，可能就需要调整药量、校准理论了。

“我们不但善于破坏一个旧世界，我们还将善于建设一个新世界。”理论是否正确，要经过实践检验才知道。

如何建设一个新世界？如何建设一个新中国？如何兑现党对人民的庄严承诺？如何让人民群众过上美好生活？对这些问题的回答、解答，对于从一个领导人民为夺取全国政权而奋斗的党转变成在全国执政并长期执政的党而言，毫无疑问是一个巨大的考验。

从“大锅饭”到“大包干”

1949年10月1日，毛泽东在天安门城楼上庄严宣告，中华人民共和国中央人民政府成立了。在马克思列宁主义、毛泽东思想的指引下，我们走出了一条半封建半殖民地、落后的东方大国取得革命胜利的道路。但是，这只是万里长征的第一步。

打碎一个旧世界容易，如何建立一个新世界，大家心里都没有底，尤其是在一个经历了百年战乱、民不聊生、一穷二白的中国，唯一能够参照的对象就是已经成为超级强国的苏联。从土地改革到社会主义三大改造，从接受苏联援助到“五年计划”的推进，国家慢慢从战争创伤中逐步复苏，国民经济与社会发展体系初步建立，社会主义建设展露出新时代的曙光。

然而好景不长，局势的变化动摇了双方合作的基础。如何建设发展新中国？还能不能继续按照苏联模式走下去？我们只能眼光向内，探索一条适合自己、以自力更生的方式来建设社会主义强国的道路。新生的人民共和国迫切地想证明自己能行，热情高涨、翻身当主人的中国人民渴望着迅速过上好日子。

新形势、新问题需要新理论。矛盾论，在革命年代屡获奇迹的理论之一，继续发挥着它的作用。在研究了世界局势和国内形势后，毛泽东提出了“农村包围城市”“三个世界”划分等独创性理论。前者的运用，为我们找到了取得新民主主义革命胜利的正确路径，后者的运用，为我们打开外交局面，明确了第三世界是我们团结合作的主要对象，结成了反对霸权主义的统一战线。

只有与实际紧密相连，理论才能发挥正面作用。对社会主要矛盾的正确判断并未持续太久就戛然中断，社会主义建设遭遇了重大挫折。我们的理论再次进入迷茫期、空档期，原先的理论自信也因挫折而徘徊、彷徨起来，国家、人民处在一种极为不安的状态。

邓小平是中国共产党第二代领导集体核心、邓小平理论的主要创立者。毛泽东评价他："人才难得，政治思想强。"[①] 赫鲁晓夫评价他："这个人可厉害，我跟他打过交道……别看他个子低一点儿，他的智慧、思想水平可不低。"群众称他是"打不倒的小个子"[②]。

一切从实际出发，就是要从中国人民最迫切需要的地方出发，去思考问题，去想办法解决问题，这就是邓小平的思考方式。什么是社会主义？怎样建设社会主义？邓小平认为，"搞社会主义，一定要使生产力发达，贫穷不是社会主义。我们坚持社会主义，要建设对资本主义具有优越性的社会主义，首先必须摆脱贫穷"[③]。最直接的就是要解决老百姓的温饱问题，让老百姓吃饱穿暖。

---

① 邓小平纪念网．毛泽东：人才难得，政治思想强［EB/OL］．(2013-08-19)［2021-04-10］．http://cpc.people.com.cn/n/2013/0819/c69709-22616261.html.

② 邓小平纪念网．群众：打不倒的小个子［EB/OL］．(2013-08-19)［2021-04-10］．http://cpc.people.com.cn/n/2013/0819/c69709-22616264.html.

③ 中共中央文献研究室．邓小平思想年编：1975—1997［M］．北京：中央文献出版社，2011：619.

农业、农民、农村这“三农”问题，是中国建设发展绕不开的话题。1958 年，“放开肚皮吃饭，鼓足干劲生产”成为当时传遍大江南北的“口号”。就此，全国农村开展了人民公社化运动，“大跃进”成了那时的主旋律。在人民公社化运动中，各村生产队都成立了公共食堂，后期出现了过急过猛的问题，刮起了“共产风”，挫伤了集体和农民的积极性，破坏了农村生产力，使农业经济的发展遭到了重大损失。恩格斯说：“一个民族要想登上科学的高峰，究竟是不能离开理论思维的。”① 贫穷不是社会主义，关键是如何建设社会主义。1962 年 6 月 15 日，中共中央书记处开会讨论“包产到户”问题。邓小平认为，哪种生产形式能够比较容易、比较快地恢复和发展农业生产，就采取哪种形式，群众愿意采取哪种形式，就应该采取哪种形式。他引用的安徽民间谚语“不管黄猫、黑猫，捉到老鼠就是好猫”，后来被传为“不管黑猫白猫，捉到老鼠就是好猫”。

如何调动亿万农民群众，释放农村生产力？1978 年 11 月 24 日晚，安徽省凤阳县凤梨公社小岗村，18 位农民在村西头严立华家集合，秘密召开了一个关系全村命运的会议，在此诞生了一份不到百字的包干保证书：收下粮食后，首先保证国家的，留足集体的，剩下都是自己的；如果队干部因为分田到户而蹲班房，他家的农活由全队社员包下来，还要把小孩养到 18 岁。他们以“托孤”的方式，

---

① 中共中央马克思恩格斯列宁斯大林著作编译局 . 马克思恩格斯选集：第四卷［M］. 北京：人民出版社，1995：285.

冒险地在土地承包责任书上按下鲜红手印，悄悄地干起了“大包干”。1979 年 10 月，小岗村打谷场上一片金黄，经计量，当年粮食总产量 66 吨。由于分田到户，当年的粮食产量相当于全队 1966—1970 年 5 年粮食产量的总和。[①] 实践是理论的先导，没有什么能够阻挡人民群众对美好生活的向往，群众的实践往往能引出理论的曙光。

1980 年 5 月，邓小平公开肯定了小岗村包产到户、包干到户的做法。“大包干”没有错，这是发展集体经济的需要，是发展生产力的需要，是广泛调动农民群众积极性的需要，农村改革势在必行。1982 年 1 月 1 日，中国共产党历史上第一个关于农村工作的一号文件正式出台，明确指出包产到户、包干到户都是社会主义集体经济的生产责任制。随着家庭联产承包责任制的稳固和完善，农民发展出多种经营方式，广大农民逐步从温饱走向小康。我们依靠自己的力量，用占世界不到 10% 的耕地，养活了世界 20% 的人口，创造了世界农业发展史上的奇迹，也为世界粮食安全做出了重大贡献。

家庭联产承包责任制是在党的领导下的我国农民的伟大创造，是马克思主义农业合作化理论在我国实践中的发展。从人民公社化运动到包产到户，这是农村生产经营方式的一次革命性变革，促使农村生产关系与生产方式相适应。

① 刘嫣 . 一个农业大国的特殊重器——袁隆平和他的杂交水稻［EB/OL］.（2019-09-30）［2021-04-10］. http://www.rmzxb.com.cn/c/2019-09-30/2436888.shtml.

“实践是检验真理的唯一标准”

1978年，中国发展的重要关口。

在社会主义建设的这个新的课题上，我们进行了艰辛的探索，取得了巨大的成就，奠定了国家工业体系的基础，建成了相对完整的工业体系，但同样也遭受了严重的挫折，付出了沉重的代价。十年内乱中，一些正常的经济活动，农村的自留地、家庭副业、集市等都被错误地界定为“复辟资本主义”“刮单干风”，“宁要社会主义的草，不要资本主义的苗”之类的说法大行其道，导致国民经济举步维艰。第三次复出的邓小平，既要解决吃饭的问题，又要解决人们的思想问题，不仅要恢复生产和社会秩序，还要在思想上进行一次拨乱反正，而且后者比前者更为急迫，也更加困难。

社会主义发展的根本问题是什么？当前社会的主要矛盾到底是什么？是阶级斗争还是解放发展生产力？人民群众最关心的问题是什么？是要吃饱穿暖，是要解决温饱问题，是要解决如何生存的问题。这些既直接又深刻的问题，引起了邓小平的不断思考，怎么样才能让老百姓过上好日子？在冲破“两个凡是”中，在“大包干”中，在“乡镇企业”中，他始终坚持实事求是原则，从人民群众探索中寻找突破口。党的十一届三中全会是新中国成立以来党的历史上具有深远意义的重要会议，它从根本上冲破了长期“左”倾错误的严重束缚，重新确立了党的实事求是的思想路线。困顿的中国、苦难的人民迫切地期望实现新生，迫切地希望改变生活状态，迫切地想要过上好日子。

改革开放是决定当代中国命运的关键一招。

在党的十一届三中全会上，邓小平讲话的标题《解放思想，实事求是，团结一致向前看》振聋发聩、发人深省。他特别强调，“如果一切从本本出发，思想僵化，迷信盛行，那它就不能前进，它的生机就停止了，就要亡党亡国”[①]，再不改革就到了国家崩溃的边缘，到了亡党亡国的边缘。

所有制问题，是摆在改革面前的第一个拦路虎。在社会主义国家中，生产资料归全体人民所有，只能实行公有制。公有制就是社会主义的基石和象征，牢不可破、坚不可摧。公有制必须是全部的、纯洁的，不能含一丝杂质的，哪怕是个鸡蛋，它都是属于公家的。

社会主义市场经济理论就是从冲破绝对的公有制开始的。在农村，实行家庭联产承包责任制；在城市，率先进行的就是企业改革。经济领域的改革，也直观地反映在人们的衣食住行上。喇叭裤、录像机、洋快餐、炒股热……从农村到城市，改革的春风就像一声春雷，中华大地焕发出蓬勃生机。

1987 年 11 月 12 日，中国第一家肯德基在北京前门开业。“开业那天，顾客平均需要 2 小时才能等到一个座位。”时任肯德基远东区总裁的美籍华人王大东回忆，售价 2.5 元一块的原味炸鸡块算

---

① 邓小平 . 邓小平文选：第二卷［M］. 北京：人民出版社，1994：143.

得上高消费，即便如此，等待就餐的队伍经常排到上百米，必须分时、分段放人进来。[①] 开业当天盛况空前，美驻华大使和北京市领导都参加了开业仪式，肯德基还选择了非常符合中国文化的锣鼓队、秧歌队进行了表演，锣鼓喧天，人山人海，里三层外三层。这是西方餐饮文化进入中国的大事件，肯德基成为第一家进入中国的现代化西式快餐品牌。

大家可能会好奇，20 世纪 80 年代的肯德基就有全家桶？当时的菜单和现在可大不一样！开业菜单上有 7.3 元 / 份的套餐：2 块吮指原味鸡 + 鸡汁土豆泥 + 菜丝沙拉 + 小餐包。肯德基十分注重“中国化”，出于对中国酒文化的考虑，甚至还供应了听装的北京五星啤酒，当时的顾客就享受了炸鸡配啤酒的美味！

西方餐饮要实现中国化才有市场，马克思主义理论也要和中国实际情况相结合才能发挥出巨大的力量。刚刚冲破“两个凡是”不久，又遇上了计划与市场的争论，到底什么才是社会主义？市场元素多一点，是否就不是公有制，不是社会主义了？刚刚有了起色的经济、社会活动，突然被冒出来的计划与市场之争束缚了手脚，大家都担心会不会又走回头路。

1992 年，邓小平在南方谈话中提出了著名论断：“计划经济不等于社会主义，资本主义也有计划；市场经济不等于资本主义，社

---

① 姜永斌 . 舌尖上的变迁［N］. 中国纪检监察报，2018-10-15（6）.

会主义也有市场。计划和市场都是经济手段。”[1] 这给整个市场、全国老百姓吃了一颗定心丸。

于是，市场经济与计划经济就从姓“资”与姓“社”的争论中解放出来了，两者都是经济手段，是社会资源配置的方式。之后，我国经济体制改革沿着社会主义市场经济体制方向加速前进。

事实也证明，发展中国特色社会主义市场经济，极大地激发了市场主体活力，促进了经济社会的全面繁荣与发展。

“发展才是硬道理”

“发展”是马克思主义理论中又一关键概念，是事物由小到大、由简单到复杂、由低级到高级的变化。那么，经过 30 多年的建设，我们的社会主义处在一个什么阶段？低级的还是高级的？落后的还是发达的？这个阶段的社会主义建设有哪些特征？

有人认为，社会主义是资本主义向共产主义过渡的一个阶段，是一个过渡期，没有必要再划什么阶段。也有人认为，从目前现实来看，资本主义向共产主义的过渡期还比较长，社会主义应该还可以分为不发达阶段和发达阶段。

1980 年，邓小平说：“要充分研究如何搞社会主义建设的问题。……总起来说，第一，不要离开现实和超越阶段采取一些‘左’

---

① 邓小平 . 邓小平文选：第三卷［M］. 北京：人民出版社，1993 ：373.

的办法，这样是搞不成社会主义的。我们过去就是吃‘左’的亏。第二，不管你搞什么，一定要有利于发展生产力。”①1987 年 8 月，邓小平提出了关于“社会主义初级阶段”的理论阐述：“社会主义本身是共产主义的初级阶段，而我们中国又处在社会主义的初级阶段，就是不发达的阶段。一切都要从这个实际出发，根据这个实际来制定规划。”②

真理越辩越明，只有经过实践检验，真理才能彰显其科学性和生命力。我们党依据马克思主义普遍真理同中国具体实际相结合的原则，总结长期探索所积累的经验，特别是党的十一届三中全会以来的实践，深刻地认识到建设中国社会主义的规律，在党的十二大提出“走自己的道路，建设有中国特色的社会主义”的科学论断。

我们可以从党的十二大以及之后的党代会报告主题中寻找发展的脉络。

十二大报告：《全面开创社会主义现代化建设的新局面》；

十三大报告：《沿着有中国特色的社会主义道路前进》；

十四大报告：《加快改革开放和现代化建设步伐，夺取有中国特色社会主义事业的更大胜利》；

---

① 中共中央文献研究室 . 邓小平年谱：1975—1997（上）[M]. 北京：中央文献出版社，2004：624.

② 中共中央文献研究室 . 邓小平年谱：1975—1997（下）[M]. 北京：中央文献出版社，2004：1203.

十五大报告：《高举邓小平理论伟大旗帜，把建设有中国特色社会主义事业全面推向二十一世纪》；

十六大报告：《全面建设小康社会，开创中国特色社会主义事业新局面》；

十七大报告：《高举中国特色社会主义伟大旗帜，为夺取全面建设小康社会新胜利而奋斗》；

十八大报告：《坚定不移沿着中国特色社会主义道路前进，为全面建成小康社会而奋斗》；

十九大报告：《决胜全面建成小康社会，夺取新时代中国特色社会主义伟大胜利》。

旗帜鲜明，脉络清晰。理论探索的脚步还在继续。

在新的历史时期，我们党如何领导中国特色社会主义建设？原先党的建设理论中没有系统的答案，在具体的实践中，以江泽民同志为核心的第三代中央领导集体系统、科学地回答了“建设什么样的党、怎样建设党”的问题，形成了“三个代表”重要思想，这是社会主义政党建设理论的创新。只要我们党始终成为中国先进生产力的发展要求、中国先进文化的前进方向、中国最广大人民的根本利益的忠实代表，就能立于不败之地，就能得到全国各族人民的衷心拥护并带领人民不断前进。

江泽民同志高度重视经济基础作用，把讲政治与发展经济有机统一起来。他强调：“经济是基础，解决中国的所有问题，归根到底要靠经济的发展。”“集中力量把经济搞上去，实现中国的现代化，本身就是最大的政治”[①]。贫穷不是社会主义，只有经济发展了，民生改善了，中国特色社会主义理论才更有生命力和说服力。

“理论上清醒，政治上才能坚定。”进入21世纪，GDP的指挥棒在一定程度上催生了中国经济高速增长，但是与此同时黑臭河、雾霾天、沙尘暴等却愈演愈烈，人民群众钱包鼓起来与环境差下来的矛盾也愈加突出，经济建设与政治建设、社会建设也出现了不协调、不和谐。矛盾具有普遍性，当人民生活总体上达到小康时，许多新的矛盾和问题又亟待解决：如何解决经济社会发展不协调、资源环境压力加大的问题？如何避免传统现代化路径所带来的差距拉大、矛盾积聚、环境污染、资源趋紧等问题？如何从低水平的、不全面的、发展很不平衡的小康，向全面小康社会迈进？

面对新世纪新阶段的这张考卷，中国特色社会主义建设突出问题又变成了“实现什么样的发展、怎样发展”。以胡锦涛同志为总书记的党中央以巨大的理论勇气和政治智慧，创造性地以科学发展观武装全党，用科学发展观指导经济社会发展，进一步明确新形势下中国的发展路径、发展方向。科学发展观的提出，再次从理论上拨正了中国特色社会主义航船的方向，使其朝着更加科学、正确的方向前进，朝着人民群众向往的美好生活的方向驶去，朝着中国特色社会主义理论更加成熟、更加自信的方向迈进。

---

① 江泽民．江泽民文选：第一卷［M］．北京：人民出版社，2006：514.

科学发展观的第一要义是发展，发展的实质是解放生产力、发展生产力，彰显了对社会主义本质理论的继承和发展。科学发展观的核心是以人为本，解决的是发展为了谁的问题，彰显了中国共产党人全心全意为人民服务的根本宗旨。科学发展观的基本要求是全面协调可持续，解决的是发展的方法论问题。发展不是片面的发展，而是全面的发展；发展不是顾此失彼的发展，而是协调的发展；发展不是阶段性的发展，而是可持续的发展……彰显了中国共产党人的科学思维方法。科学发展观的根本方法是统筹兼顾，体现了中国共产党人在发展问题上的系统思维，科学发展是“十个指头弹钢琴”式的发展，彰显了中国共产党人的根本工作方法。

从“发展才是硬道理”，到“发展是党执政兴国的第一要务”，再到科学发展观，社会主义初级阶段的中国特色社会主义在时间和实践的检验中越走越开阔。中国特色社会主义理论体系也在发展实践中逐渐成熟，对三大规律的认识也更加自觉，中华民族伟大复兴这艘巨轮在波涛汹涌的时代大潮中风正帆悬。

第五节
“时代是思想之母”
——马克思主义中国化的最新成果

在中国史书的记录中，中国人民对美好生活的向往从来没有停止过；在中国的历史上，记录从来不仅仅是记录，更多的先贤希冀从记录中寻找规律，并上升为实现理想世界的理论。从孔子的“小康”“大同”“天下为公”，到汉朝杨雄的“温饱”，再到近代孙中山的三民主义及其所向往的“世界大同”。这些都是中华民族亘古以来努力的目标、奔跑的方向。

在《共产党宣言》中，马克思、恩格斯认为：“无产阶级的运动是绝大多数人的、为绝大多数人谋利益的独立的运动。”[①] 他们期

---

① 中共中央马克思恩格斯列宁斯大林著作编译局 . 马克思恩格斯选集：第一卷［M］. 北京：人民出版社，1995 ：283.

望全世界无产者联合起来，共同建立一个没有私有制，没有剥削，每个人都能自由发展的联合体。

人民对美好生活的向往就是中国共产党人的奋斗目标。实现中华民族伟大复兴、建设社会主义现代化强国的使命，担在中国共产党的肩上。

新时代、新形势，新情况、新问题，需要新的指导思想，必须从理论和实践的结合上系统回答新时代坚持和发展什么样的中国特色社会主义、怎样坚持和发展中国特色社会主义。

一脉相传的“看家本领”

从我们党的历史发展看，一个新时代的到来，总是以新思想、新理论的形成为主要标志。新实践、新时代孕育和催生了新理论、新思想，而新理论、新思想一经形成，就会对新实践、新时代产生强大的引领和推动作用。①

1969年，习近平从北京来到了陕北高原。在梁家河的七年知青岁月里，他和乡亲们同吃同住同劳动，种地、拉煤、打坝、挑粪……来自城市的他不仅很快过了“劳动关”，还成了“最壮的劳动力”。在陕北，他“看到了人民群众的根本，真正理解了老百姓”。他曾回忆说：“15岁来到黄土地时，我迷惘、彷徨；22岁离

---

① 任平.理论自信［M］.南京：江苏人民出版社，2018：53-54.

开黄土地时，我已经有着坚定的人生目标，充满自信。”①

2012 年冬天，党的十八大郑重选出了年富力强、奋发有为的新一届中央领导集体。习近平总书记在首次记者见面会上，用简短讲话表达了为民族谋复兴、为人民谋幸福以及加强党的建设的决心和目标。刚亮相时，众多媒体更为关注他所面临的经济增长放缓、环境污染、腐败、贫富差距等各方面的挑战和危机。

2017 年 10 月，党的十九大报告指出，面对各方面挑战和危机，我们“解决了许多长期想解决而没有解决的难题，办成了许多过去想办而没有办成的大事，推动党和国家事业发生历史性变革”②,“中国特色社会主义进入了新时代”③。

马克思主义哲学认为，一切事物都处于永不停息的运动、变化、发展之中，理论也是如此。“万丈高楼平地起”，社会主义大厦是在一代又一代人，接力传承、实践、发展中壮大起来的。从马克思、恩格斯创立马克思主义 1.0 版本开始，列宁将其发展到了 2.0 版本，斯大林将其升级到了 3.0 版本，毛泽东接手之后升级到了 4.0

① 习近平 . 我是黄土地的儿子［J］. 全国新书目，2002（12）：26.

② 习近平系列重要讲话数据库 . 习近平：决胜全面建成小康社会 夺取新时代中国特色社会主义伟大胜利——在中国共产党第十九次全国代表大会上的报告［EB/OL］.（2017-10-27）［2021-04-10］. http://jhsjk.people.cn/article/29613458.

③ 习近平系列重要讲话数据库 . 习近平：决胜全面建成小康社会 夺取新时代中国特色社会主义伟大胜利——在中国共产党第十九次全国代表大会上的报告［EB/OL］.（2017-10-27）［2021-04-10］. http://jhsjk.people.cn/article/29613458.

版本，并且发展到马克思主义中国化 1.0 版本，邓小平发展到了中国化 2.0 版本，经过不断发展和优化升级，并且伴随着在中国大地上的生根发芽和茁壮成长，现在升级到了中国化全新版本。这个版本就是习近平新时代中国特色社会主义思想，是对马克思列宁主义、毛泽东思想、邓小平理论、“三个代表”重要思想、科学发展观的继承和发展，是马克思主义中国化的最新成果，是 21 世纪马克思主义、当代中国马克思主义。

“矛盾”这一马克思主义核心概念，在中国革命、建设、改革不同阶段理论思想的形成上都发挥着关键作用。毛泽东在中国革命、建设的不同阶段，根据矛盾变化规律，提出党的应对战略以及精准对策，带领中国共产党和中国人民取得了新民主主义革命的胜利，中华民族从近代百年屈辱中站了起来。党的十一届三中全会后，邓小平经过综合研究，判断出当时社会的主要矛盾是人民日益增长的物质文化需要同落后的社会生产之间的矛盾，中国需要做的事情就是解放思想、改革开放。此后，中国步入了发展的快车道，中国人民在科学发展中富了起来。而进入新时代，习近平分析国内外形势后判断，当前的社会主要矛盾已经转化为人民日益增长的美好生活需要和不平衡不充分的发展之间的矛盾。

马克思认为，问题是“时代的格言”，是“公开的、无所顾忌的、支配一切个人的时代之声”。[①] 在马克思的时代，循着问题意

① 中共中央马克思恩格斯列宁斯大林著作编译局 . 马克思恩格斯全集：第一卷［M］. 北京：人民出版社，1995：203.

识、问题导向，他解剖了资本主义社会，揭示了现代资本主义生产方式及其运动规律，探索了人类社会发展规律，创立了科学社会主义。进入新时代，习近平总书记也是如此强调，“改革是由问题倒逼而产生”①,“要有强烈的问题意识，以重大问题为导向，抓住重大问题、关键问题进一步研究思考，找出答案，着力推动解决我国发展面临的一系列突出矛盾和问题。”②正是基于此，新思想系统回答了新时代坚持和发展什么样的中国特色社会主义、怎样坚持和发展中国特色社会主义的问题。

进入新时代，在充分运用历史唯物主义方法辨析世界形势基础上，习近平总书记指出：“当前，我国处于近代以来最好的发展时期，世界处于百年未有之大变局，两者同步交织、相互激荡。”③站在“两个一百年”奋斗目标的历史交汇期，社会矛盾在变化，世情、国情、党情在变化，人民对美好生活的标准、需求在变化。“不忘初心，方得始终”，中国共产党无论是革命、建设、改革还是发展，其初心和使命始终是为人民谋幸福、为民族谋复兴、为世界谋大同。

---

① 中共中央文献研究室 . 习近平关于协调推进“四个全面”战略布局论述摘编［M］. 北京：中央文献出版社，2015 ：84.

② 中共中央文献研究室 . 习近平关于协调推进“四个全面”战略布局论述摘编［M］. 北京：中央文献出版社，2015 ：57.

③ 习近平系列重要讲话数据库 . 习近平在中央外事工作会议上强调 坚持以新时代中国特色社会主义外交思想为指导 努力开创中国特色大国外交新局面［EB/OL］.（2018-06-24）［2021-04-11］. http://jhsjk.people.cn/article/30079017.

新时代有新的历史方位。近代百年以来，中国社会从发展低谷中爬升，历经百转千折，终于走向世界舞台中心。

经过 40 多年的改革发展，中国特色社会主义道路逐步显露出自身发展逻辑和模式的优势，尤其是近 10 年来，中国综合国力持续提升，越来越接近世界舞台的中心。大量的实践经验迫切地需要归纳总结，从温饱到小康再到全面脱贫，从粗放经营、集约发展到精准发展，从烟囱遍地、黑臭河到蓝天保卫战再到长江、黄河大保护，从“三来一补”（来料加工、来件装配、来样加工和补偿贸易）到中国制造、世界工厂再到中国智造，从投资、出口、消费的“三驾马车”到国内大循环为主体、国内国际双循环相互促进的新发展格局，从年年争取最惠国待遇到加入世贸组织再到“一带一路”倡议实施、人类命运共同体的提出，等等，这些都凝结着中国人民的智慧、汗水和辛勤付出，更需要将这些具体实践上升为理性认识。

习近平总书记运用马克思主义矛盾规律，以党的十八大以来全方位的、开创性的成就和深层次、根本性变革为现实根据，提出了一系列具有开创性意义的新理念、新思想、新战略，形成了习近平新时代中国特色社会主义思想，这是在深化对共产党执政规律、社会主义建设规律、人类社会发展规律的认识的过程中取得的重大理论创新成果，是历史发展的客观需要、必然要求。

习近平新时代中国特色社会主义思想内涵极其丰富、体系科学完备，其主体内容为“八个明确”和“十四个坚持”。前者是理论层面的概括和凝练；后者是行动纲领。两者作为习近平新时代中国特色社会主义思想体系的“四梁八柱”，有力地撑起了整个体系的宏伟大厦。整个思想理论体系充满对马克思主义的坚定信仰、对共产主义和中国特色社会主义的坚定信念、对实现中华民族伟大复兴中国梦的坚定信心，既是坚定理想信念之“魂”，也是破解时代问题之“道”，更是马克思主义赓续传承之“脉”。

“摸着石头过河”

经过百年的实践奋斗，从马克思主义理论诞生，到中国共产党成立、新中国的创建，再到改革开放以来的奋斗历程，我们党不断深化对共产党执政规律、社会主义建设规律、人类社会发展规律的认识，从“摸着石头过河”探索阶段到能够进行“顶层设计”与宏伟布局阶段，从学徒、杂活、配菜到逐步掌勺、能当半个师傅，从初学者、初级设计师成长为高级设计师。

1978 年的改革开放是“决定当代中国命运的关键一招”。但是怎么改革、怎么开放？面对国民经济最为艰难的时刻，怎样才能激发出改革和开放的第一动力来？改革往往是从最薄弱的环节突破。当时人们最迫切的问题是吃饱饭，尤其是在农村，种地的农民居然还吃不饱饭，这个就是最需要改革的地方，也是最能激发人潜力的地方。于是出现了小岗村村民自发地搞起了“大包干”。后来，经过总结推广，上升为国家层面的家庭联产承包责任制。对美好生活的向往，无论哪个时代都是人们的追求。当吃饱、穿暖了之后，就开始想办法吃得更好、穿得更漂亮、住得好一点儿、行得快一点儿。“交足国家的、留足集体的、剩下就是自己的”，这种自发的朴素的想法、做法也渗透到了乡镇企业中，苏南模式、温州模式、珠江模式、晋江模式凭着天时、地利，在各自的摸索和探索中逐一登场。马克思的所有制理论在这些实践中逐步丰富和发展，从单一公有制发展为公有制为主体、多种所有制经济共同发展。

1979 年 4 月，广东省委负责人向中央领导同志提出兴办出口加工区、推进改革开放的建议。邓小平同志明确指出：“还是叫特区好……中央没有钱，可以给些政策，你们自己去搞，杀出一条血路来。”[①]1980 年 8 月，党和国家批准在深圳、珠海、汕头、厦门设置经济特区。在经济特区里完全按照市场规则运行，因为毗邻香港，便于吸引投资，深圳以极快的速度发展起来。2011 年深圳 GDP 突破 1.1 万亿元，2018 年首次超过香港，2020 年突破 2.8 万亿元，居亚洲城市前五位。昔日小渔村，变成今朝国际大都市，并朝着建设中国特色社会主义先行示范区的目标迈进。

“摸着石头过河”作为辩证唯物主义的一种认识论、方法论，形象地揭示了从实际出发、在实践中勇于开拓并稳步前进的思想方法和工作方法。习近平总书记就说过，“摸着石头过河，是富有中

① 中共中央文献研究室．邓小平年谱：1975—1997（上）［M］．北京：中央文献出版社，2004：510.

国特色、符合中国国情的改革方法。摸着石头过河就是摸规律”①，今天我们还“要采取试点探索、投石问路的方法，取得了经验，形成了共识，看得很准了，感觉到推开很稳当了，再推开，积小胜为大胜”②。

进入新时代，我们的改革已进入攻坚期和深水区，需要解决的问题格外艰巨，都是难啃的硬骨头，不仅要靠“摸着石头过河”，更需要自上而下的顶层设计。习近平总书记指出：“摸着石头过河和加强顶层设计是辩证统一的，推进局部的阶段性改革开放要在加强顶层设计的前提下进行，加强顶层设计要在推进局部的阶段性改革开放的基础上来谋划”③，“注重改革的系统性、整体性、协同性”④，“统筹制度改革和制度运行，处理好顶层设计和分层对接的关系，搞好上下左右、方方面面的配套，注重各项改革协调推进，使各项改革相得益彰，发生‘化学反应’，把制度优势转化为治理

---

① 习近平系列重要讲话数据库．习近平主持政治局集体学习：以更大的政治勇气和智慧深化改革［EB/OL］．（2013-01-02）［2021-04-11］．http://jhsjk.people.cn/article/20070702.

② 中共中央文献研究室．习近平关于全面深化改革论述摘编［M］．北京：中央文献出版社，2014：35.

③ 习近平系列重要讲话数据库．习近平主持政治局集体学习：以更大的政治勇气和智慧深化改革［EB/OL］．（2013-01-02）［2021-04-11］．http://jhsjk.people.cn/article/20070702.

④ 习近平系列重要讲话数据库．习近平主持政治局集体学习：以更大的政治勇气和智慧深化改革［EB/OL］．（2013-01-02）［2021-04-11］．http://jhsjk.people.cn/article/20070702.

效能”[①]。

自改革开放以来，我们以经济建设为中心，快速地实现了经济发展，解决了温饱问题。但是，问题也随之而来，物质丰富了，精神上却供给不足了，于是我们党提出了“两手抓、两手都要硬”，物质文明建设与精神文明建设同步走。随着发展，精神文明建设供给侧又进行了细分，为了适应建设“富强、民主、文明”的社会主义国家需要，党的十六大提出了物质文明、政治文明、精神文明“三位一体”的总体布局。进入 21 世纪，在追求“富强、民主、文明”的同时，“和谐”具有了重要意义，为此我们党形成了经济建设、政治建设、文化建设和社会建设“四位一体”的总体布局。

党的十八大之后，中国经济发展进入新常态，高质量发展成为目标，牺牲环境片面追求经济增长、唯 GDP 论英雄的做法已经不符合社会发展需求了。我们党根据新的实践发展，在“富强、民主、文明、和谐”的基础上又增加了“美丽”的建设目标，从“四位一体”扩充成了经济建设、政治建设、文化建设、社会建设和生态文明建设“五位一体”的总体布局。

新时代有新的发展蓝图。从温饱到小康，从奔向小康到进入小康，从全面建设小康社会到全面建成小康社会，再到全面建设社会主义现代化强国。概念的演进是实践的持续深化，是与时俱进地调

---

① 习近平系列重要讲话数据库．习近平主持召开中央全面深化改革委员会第十次会议强调 加强改革系统集成协同高效 推动各方面制度更加成熟更加定型［EB/OL］.（2019-09-09）［2021-04-11］. http://jhsjk.people.cn/article/31345172.

整目标，是我们理论自信的成熟标志，是对中国特色社会主义建设规律的准确把握，是对中国特色社会主义理论体系的丰富和发展。

“每一代人有每一代人的长征路”①，习近平总书记在前两步已经实现的基础上，提出了新的“两步走”战略，即2035年基本实现社会主义现代化，21世纪中叶把中国建成富强民主文明和谐美丽的社会主义现代化强国。现代化进程中的“三步”并“两步”，是传承更是发展。在“富强、民主、文明”的基础上，党的十七大增加了“和谐”，党的十九大又增加了“美丽”，而且强调要建设的是“社会主义现代化强国”，突出了“强”。这是在中国人民“站起来”“富起来”的基础上，为实现“强起来”的目标提出的宏伟的行动纲领。

新时代，在当前一个全新的历史方位和国际国内环境下建设现代化经济体系，必须走自己的道路，坚持以人民为中心的发展思想，贯彻创新、协调、绿色、开放、共享发展理念。

新时代，中国特色社会主义政治发展道路有了新内涵，要健全人民当家做主制度体系、发展社会主义民主政治，使我们的政治制度充分体现人民意志、保障人民权益、激发人民创造活力。

新时代，要不断铸就中华文化新辉煌，要在“百花齐放、百家争鸣”的基础上，不忘本来、吸收外来、面向未来，激发全民文化

---

① 习近平系列重要讲话数据库．习近平：在纪念红军长征胜利80周年大会上的讲话［EB/OL］．（2016-10-21）［2021-04-11］．http://jhsjk.people.cn/article/28798445.

创新创造活力，建设社会主义文化强国。

新时代，要让改革发展成果更多、更公平地惠及全体人民，要根据人民对美好生活向往的需求，综合利用行政、市场、志愿、法治、技术等手段，实现政府、社会、居民良性互动，使人民的获得感、幸福感、安全感更加充实，更有保障，更可持续。

新时代，要构建人与自然和谐共生的现代化，坚持“绿水青山就是金山银山”理念，还自然以宁静、和谐、美丽，不断满足人民对美好生活环境的需要。

从“一个中心”到“两手抓、两手都要硬”再到“绿水青山就是金山银山”，每一次时代流行语的变化都反映出老百姓需求的变化，反映出人民日益增长的物质文化需要演变为人民日益增长的对美好生活的向往。大国的复兴需要与之匹配的科学理论，这种科学理论不可能是“拿来”的，必须是自主、自为的产物。唯有理论自信转化为锐意进取的精神和乘风破浪的动力，才能最终实现“两个一百年”奋斗目标和中华民族伟大复兴的中国梦。

正是源于对改革开放40多年的实践，源于道路自信、制度自信，在此基础上将改革的经验、成果升华为习近平新时代中国特色社会主义思想，在指导理论上也越发自信，提出了一系列具有原创性的新思想、新观点、新论断，在理论上实现了重大突破、重大创新、重大发展，充分彰显了马克思主义理论的强大生命力和中国共产党人的理论创造力。

“打铁必须自身硬”

1871 年 3 月 18 日，巴黎工人举行起义，建立了人类历史上的第一个无产阶级政权。3 月 26 日进行公社选举，28 日巴黎公社宣告成立。尽管只存在了 72 天，却为共产党执政积累了经验，翻开了人类历史新的一页。

1917 年 11 月 7 日，俄国社会民主工党左翼（布尔什维克）发动起义，史称“十月革命”，建立了世界上第一个社会主义国家。1991 年 12 月 25 日，苏联解体，苏联共产党失去执政地位，国际共产主义运动遭受重大挫折。

习近平总书记在总结苏联亡党教训时说过：“苏联共产党偌大一个党就轰然倒下了，苏联偌大一个社会主义国家就分崩离析了。这是前车之鉴啊！”[①]“上马能打仗，下马能治国”，建立并持续掌握一个国家政权并不是一件容易的事情。执政党守好政权要内外兼修，既要练好“打铁还需自身硬”的内功修养，也要学好“全心全意为人民服务”的外功本领。

1949 年 3 月 23 日，中共中央从西柏坡起程前往北平时，毛泽东说：“今天是进京的日子，不睡觉也高兴。今天是进京‘赶考’嘛。进京‘赶考’去，精神不好怎么行？”周恩来也说：“我们应

---

① 习近平系列重要讲话数据库 .《习近平总书记系列重要讲话读本（2016 年版）》二、实现中华民族伟大复兴的必由之路——关于坚持和发展中国特色社会主义［EB/OL］.（2016-04-21）［2021-04-11］. http://jhsjk.people.cn/article/28292330.

该都能考试及格，不要退回来。”毛泽东说：“退回来就失败了。我们绝不当李自成，我们都希望考个好成绩。”[①]

2013年7月，习近平总书记在西柏坡学习考察时，重提“赶考”：“当年党中央离开西柏坡时，毛泽东同志说是‘进京赶考’。60多年过去了，我们取得了巨大进步，中国人民站起来了，富起来了，但我们面临的挑战和问题依然严峻复杂，应该说，党面临的‘赶考’远未结束。”[②]

“时代是出卷人，我们是答卷人，人民是阅卷人。”[③]共产党人始终要回答好“赶考”命题。有人说，人最大的敌人就是自己，最大的挑战就是战胜自己。中国古人也说：“己所不欲，勿施于人”“己欲立而立人，己欲达而达人”。人的问题，是一个根本问题，人心向背问题始终是核心问题。我们党要始终保持队伍的纯洁性、先进性，关键在于自身建设。

1939年10月4日，毛泽东在《〈共产党人〉发刊词》中总结了建党18年来的经验，“建设一个全国范围的、广大群众性的、思想

---

① 共产党员网．毛泽东为什么要把进入北平城称作“进京赶考”？［EB/OL］．(2017-03-22)［2021-04-25］．http://news.12371.cn/2017/03/22/ARTI1490153975850551.shtml.

② 习近平系列重要讲话数据库．习近平：党面临的“赶考”远未结束——再访西柏坡侧记［EB/OL］．(2013-07-14)［2021-04-25］．http://jhsjk.people.cn/article/22190348.

③ 习近平系列重要讲话数据库．习近平：以时不我待只争朝夕的精神投入工作 开创新时代中国特色社会主义事业新局面［EB/OL］．(2018-01-05)［2021-04-11］．http://jhsjk.people.cn/article/29748659.

上政治上组织上完全巩固的布尔什维克化的中国共产党”是“一个光荣而又严重的任务”①。

1980 年 1 月 16 日，邓小平在《目前的形势和任务》中做了回答：“中国的社会主义现代化建设事业由共产党领导，这个原则是不能动摇的。”②建设党的关键是要改善党的领导，改善领导制度、工作状况、组织状况，加强党的纪律等。

1994 年 9 月，江泽民提出了“把党的建设提到新的伟大工程的高度”③新命题。2002 年 11 月，在党的十六大报告中，江泽民在回答这个问题的基础上全面贯彻了“三个代表”重要思想。

2009 年 9 月，胡锦涛提出“提高党的建设科学化水平”④。2012 年11月，他进一步强调要“全面推进党的建设新的伟大工程”⑤，融入了党的执政能力建设、党的先进性建设、党的纯洁性建设，丰富和发展了传统的思想建设、组织建设、作风建设、制度建设。

2017 年 10 月，习近平总书记在党的十九大报告中，明确了中国特色社会主义最本质的特征是中国共产党领导，中国特色社会主义制度的最大优势是中国共产党领导，提出新时代党的建设总要求，突出政治建设在党的建设中的重要地位，要把党建设成为始终

---

① 毛泽东 . 毛泽东选集：第二卷［M］. 北京：人民出版社，1991：603.
② 邓小平 . 邓小平文选：第二卷［M］. 北京：人民出版社，1994：267.
③ 江泽民 . 江泽民文选：第一卷［M］. 北京：人民出版社，2006：403.
④ 胡锦涛 . 胡锦涛文选：第三卷［M］. 北京：人民出版社，2016：252.
⑤ 胡锦涛 . 胡锦涛文选：第三卷［M］. 北京：人民出版社，2016：653.

走在时代前列、人民衷心拥护、勇于自我革命、经得起各种风浪考验、朝气蓬勃的马克思主义执政党。[①]

在如何加强党的建设上，习近平提出了很多既新颖、又深入人心的话语。比如，在制度建设上“把权力关进制度的笼子里”，在作风建设上“构建亲清政商关系”“踏石留印、抓铁有痕”，在反腐倡廉上“‘老虎’、‘苍蝇’一起打”“刮骨疗毒、壮士断腕”，在思想建设上要拧紧世界观、人生观、价值观这个“总开关”，在纪律建设上“三严三实”“营造良好政治生态”，等等。他把理论话语说得通俗易懂，最终目的是更好地接受百姓监督，服务百姓对美好生活的向往。

脱离群众是我们党执政后的最大危险。“理论只要说服人，就能掌握群众；而理论只要彻底，就能说服人。”[②]理论原本是看不见、摸不着的，但是只要和人民群众的实践相结合，便会爆发出巨大的能量，“天翻地覆”“改天换日”也并非不可能。

党的十九大报告中，“人民”是出现频率最高的词，整篇报告都洋溢着关注人民生活的思想：“把人民对美好生活的向往作为奋斗目标，依靠人民创造历史伟业”；“不断满足人民日益增长的美

① 习近平系列重要讲话数据库．习近平：决胜全面建成小康社会 夺取新时代中国特色社会主义伟大胜利——在中国共产党第十九次全国代表大会上的报告［EB/OL］．（2017-10-27）［2021-04-11］．http://jhsjk.people.cn/article/29613458.

② 中共中央马克思恩格斯列宁斯大林著作编译局．马克思恩格斯选集：第一卷［M］．北京：人民出版社，1995：9.

好生活需要”；“使人民获得感、幸福感、安全感更加充实、更有保障、更可持续”；“为民造福”是我们党的“根本政治担当”；为“实现人民对美好生活的向往继续奋斗”。[①] 这些都深深浸润着习近平“我将无我，不负人民”的情怀。

习近平接受俄罗斯电视台专访：“承担我这样的工作，基本上没有自己的时间。今年春节期间，中国有一首歌，叫《时间都去哪儿了》。对我来说，问题在于我个人的时间都去哪儿了？当然是都被工作占去了。”[②]2018 年，习近平主持参加了 429 项内政外交活动，平均每月近 36 项；主持了 4 场“主场外交”，157 次外事活动，会见了 98 个国家 126 位领导人；足迹遍布 5 大洲 13 国，行程累计超过 11 万公里，够绕地球两圈半。[③]

在脱贫攻坚战上，习近平总书记亲自指挥、亲自部署、亲自督战。从梁家河到正定，从宁德到省里，再到中央，他“花的精力最多”，8 年来先后 7 次主持召开中央扶贫工作座谈会，50 多次调研扶贫工作，走遍 14 个集中连片特困地区；从“精准扶贫”到“两

---

① 习近平系列重要讲话数据库 . 习近平：决胜全面建成小康社会 夺取新时代中国特色社会主义伟大胜利——在中国共产党第十九次全国代表大会上的报告［EB/OL］.（2017-10-27）［2021-04-11］. http://jhsjk.people.cn/article/29613458.

② 习近平系列重要讲话数据库 . 习近平接受俄罗斯电视台专访［EB/OL］.（2014-02-09）[2021-04-25]. http://jhsjk.people.cn/article/24303725.

③ 央视网 . 时间都去哪了？习近平的 2018［Z/OL］.（2019-02-06）［2021-04-11］. http://news.cctv.com/m/lda/index.shtml?id=ARTIyAr7ZeKKv14ouKfbxQFP190206.

不愁三保障”，从“第一民生工程”到形成“四梁八柱性质的顶层设计”，他做出了一系列新决策新部署。2021年2月25日，在全国脱贫攻坚总结表彰大会上，习近平庄严宣告，“我国脱贫攻坚战取得了全面胜利”①。这又是一个在新思想指导下彪炳史册的人间奇迹。

“半条被子送老乡”“一个儿子送战场”，正是这深深鱼水情的真实写照。“人民群众是历史的创造者”“全心全意为人民服务”“从群众中来，到群众中去”“以人民为中心”“最大危险是脱离群众”，坚持权为民所用、利为民所谋、情为民所系，是中国共产党执政70余年治国理政的成功经验，更是建党百年来的理论自信的底气所在。

“人类命运共同体”

1914年7月28日，第一次世界大战爆发，历时4年，30多个国家、15亿人口卷入战争，6 500万人参战，1 000多万人丧生，2 000万人受伤。1939年9月1日，第二次世界大战爆发，历时6年，61个国家和地区、超过20亿人口卷入战争，军民共伤亡9 000多万人，经济损失达5万多亿美元。两次世界大战，给人类带来了空前的浩劫。

---

① 习近平系列重要讲话数据库.在全国脱贫攻坚总结表彰大会上的讲话［EB/OL］.（2021-02-26）［2021-04-11］. http://jhsjk.people.cn/article/32037154.

马克思曾说过，“资本家为了 300% 的利润率可以冒上断头台的危险”，“不断扩大产品销路的需要，驱使资产阶级奔走于全球各地”。全球化在利润驱动下快速地发展起来，却又不可避免地出现了“生产过剩的瘟疫”，也就是经济危机。“社会突然发现自己回到了一时的野蛮状态；仿佛是一次饥荒、一场普遍的毁灭性战争，使社会失去了全部生活资料；仿佛是工业和商业全被毁灭了。”①

1929—1933 年的经济大危机，世界工业生产几乎下降了 44%，世界对外贸易总额下降了 66%。2007—2009 年，因美国次贷危机引发的环球金融危机，在全球范围引发了严重的信贷紧缩，世界经济增速放缓，一些国家出现了严重的经济衰退。2009 年以来，WHO（世界卫生组织）宣布了多起“国际关注的突发公共卫生事件”：H1N1 病毒大流行、西非埃博拉疫情、寨卡病毒……公共卫生安全不再是一个国家或地区自己的事情，已经成为需要全球协作解决的问题。

世界并不太平，发展之路也并非坦途，和平需要集合全人类的力量。每个人、每个时代都在努力应对时代的问题，也都在追求理想社会的来临。

20 世纪 90 年代前后，正值中国改革开放刚有起色、小有成就的时候，东欧剧变、苏联解体，国际共产主义运动进入低谷。国际

---

① 中共中央马克思恩格斯列宁斯大林著作编译局 . 马克思恩格斯选集：第一卷［M］. 北京：人民出版社，1995 ：278.

形势风云变幻，两极格局瓦解，美国一家独大，凭借着经济、科技、军事等力量及国际话语权“东征西讨”，西方一些政客不断叫嚣“和平演变”，社会主义阵营面临生死存亡的严峻考验。国内形势受此影响，也开始飘摇不定起来，刚刚出炉的中国特色社会主义理论还能走多远？红旗到底能扛多久？我们应该怎么办？邓小平冷静观察国际大势，运用马克思主义基本原理和方法，做出了“世界战略格局走向多极化”“争取一个有利的国际环境”“中国应成为世界战略格局中的重要一极”等判断，要“韬光养晦”，也要“有所作为”。

在西方预言家为中国“量身定做”的“经济硬着陆”“金融风险大爆发”“改革陷入停滞”等预言中，在西方理论家屡屡提及的“塔西佗陷阱”“修昔底德陷阱”“中等收入陷阱”“金德尔伯格陷阱”等各类“陷阱”中，在某些发达国家频频“甩锅”“极限施压”“脱钩”等声调中，我们开出了针对性的药方，以伟大的实践进行了深层次、根本性的变革，取得了全方位、开创性的成就。“今天的中国，前所未有地靠近世界舞台中心，前所未有地接近实现中华民族伟大复兴的目标，前所未有地具有实现这个目标的能力和信心”，中国声音、中国方案正不断被国际社会重视和接受，在国际舞台上“实力圈粉”。

当今世界，全球化加深了世界联系，危机并存，地缘政治局势动荡、全球经济放缓、气候变化更为猛烈、网络空间安全威胁加大……牵一发而动全身，和平发展所面临的不稳定性、不确定性日益突出。“世界怎么了，我们怎么办？”习近平总书记明确提出中国方案：构建人类命运共同体，实现共赢共享[①]。呼吁各国通过创新驱动、合作共赢来解决问题。

全球现有 70 多亿人口、200 多个国家和地区、2 500 多个民族、5 000 多种语言。各国、各地区、各民族因所处地域和国家自然社会条件不同，在长期的生产生活实践中创造了各具特色、异彩纷呈的各种文明。“万物并育而不相害，道并行而不相悖”，习近平总书记指出：“文明因多样而交流，因交流而互鉴，因互鉴而发展。”[②]并在对人类社会发展规律认识的深化的基础上，提出构建人类命运共同体。从“大同”理想到“全人类解放”，从“和平与发展是当今时代的两大主题”到“人类命运共同体”，彰显了中国共产党人的初心和使命。人类只有一个地球，各国共处一个世界，“和平、发展、合作、共赢”是各国人民的人心所向，是世界发展的大势所趋，昭示了世界人民的共同理想和人类社会的光明前途。

---

① 习近平系列重要讲话数据库．共同构建人类命运共同体 习近平主席在联合国日内瓦总部的演讲（全文）[EB/OL].（2017-01-19）[2021-04-25]. http://jhsjk.people.cn/article/29034230.

② 习近平系列重要讲话数据库．习近平在亚洲文明对话大会开幕式上的主旨演讲[EB/OL].（2019-05-15）[2021-04-12]. http://jhsjk.people.cn/article/31086588.

结语
学思践悟，真信笃行

理论创新每前进一步，理论武装就要跟进一步。习近平总书记反复告诫我们要读书，要学习，要学理论，要用理论，“掌握马克思主义理论的深度，决定着政治敏感的程度、思维视野的广度、思想境界的高度”①。可以说，读书学习是解读总书记个人魅力的最好观测角度，也是解读习近平新时代中国特色社会主义思想的一把钥匙。只有在学思践悟、真信笃行中，不断提高运用党的创新理论指导实践、推动工作的能力，才能把理论的力量转化为改变世界的力量，在实现中华民族伟大复兴的征程中走好新时代的长征路。

---

① 习近平系列重要讲话数据库.《习近平总书记系列重要讲话读本（2016年版）》二、实现中华民族伟大复兴的必由之路——关于坚持和发展中国特色社会主义［EB/OL］.（2016-04-21）［2021-04-12］. http://jhsjk.people.cn/article/28292330.

第三篇

制度自信

导语

“中国之治”，在于“中国之制”

历史是时间的记录者，时间是历史的见证者。

在新中国成立 70 周年之际，在“两个一百年”奋斗目标的历史交汇点上，在中华民族迈向伟大复兴光辉历程的关键时期，全世界的目光聚焦在崛起的东方，历史见证了一次注定要载入中国制度发展史册的盛会。

2019 年 10 月 31 日下午，在首都北京的人民大会堂，中国共产党第十九届中央委员会第四次全体会议在完成各项议程后胜利闭幕。

全会听取和讨论了中共中央总书记习近平受中央政治局委托做的工作报告，审议通过了《中共中央关于坚持和完善中国特色社会主义制度 推进国家治理体系和治理能力现代化若干重大问题的决定》《中国共产党第十九届中央委员会第四次全体会议公报》等。

这是中共党史上第一次由中央全会专门研究国家制度和国家治

理问题并做出决定。制度何以重要？一言以蔽之："中国之治"，在于"中国之制"。今日中国特色社会主义事业的强盛，关键在于中国特色社会主义制度的最大优势。

制度是什么？中国特色社会主义制度是什么？从哪里来？又为什么能行？我们循路而行。

第一节
先来谈谈制度

谈“制度自信”，首先要谈制度，要讲清楚制度，就要先弄明白制度是什么。

汉语中“制”有节制、制约或限制的意思，“度”有尺度、限度或标准的意思。“制”和“度”结合起来，表明制度是制约或节制人们各种行为的尺度。

《策林·立制度》中提到，“仁圣之本，在乎制度而已”。制度的一般含义是要求大家共同遵守的办事规程或行动准则和在一定历史条件下形成的政治、经济、文化等方面的体系。

从社会科学视角进行解读，制度，或可曰“建制”，泛指以规则、标准或运作模式规范个体行动和行为的一种社会结构。

那么，制度的出现对人类社会来说，到底意味着什么呢?

运送英国囚犯的故事

18 世纪末，英国政府为了惩罚罪犯，决定把他们发配到澳大利亚。

澳大利亚距离英国遥遥千万公里。英国政府为了省事，就把运送犯人的差事“外包”给私营商业船只，由这些私人船主承包远途大规模运送犯人的差事。

一开始，英国政府设计的方案是在船只离岸前，根据上船的犯人数量支付运送费用，船长则负责运送途中犯人的日常生活，负责把犯人安全运送到澳大利亚。

这种做法明显存在漏洞。私营船主基于牟利目的，便经常超载运送，致使船内乌烟瘴气，拥挤不堪。越来越多的船主为了降低运送成本，将自身利益最大化，还经常出现恶意克扣犯人的水和食物的情况。

运送途中极度恶劣的生存环境和非人的虐待，致使大量犯人还没有来得及抵达澳大利亚的土地就悲惨地死去。

英国政府在几年后才发现问题的严重性，相关人员通过调查发现，运往澳大利亚的犯人平均死亡率竟然高达 12%。其中，有一艘船总共运送了 424 个犯人，竟有 158 人死于运送途中，死亡率高达 37%！

面对犯人极度异常的高死亡率，英国政府最开始采取的应对措施是向每艘运送船只公派一位政府官员，负责监督船长的运送过程，为了安全起见还为这些公派官员配备了当时最先进的勃朗宁手枪。与此同时，还出台了硬性规定，对犯人在船上的生活标准进行严格监管，甚至不惜花重金为每艘运送船只配备了专业医生随船救援。

然而，看似健全的制度仍然难以改变犯人死亡率居高不下的状况，高额的利润和失效的监督机制使得利欲熏心的船长们宁愿铤而走险，他们开始想办法用金钱贿赂公派官员，甚至对不与其同流合污的官员们进行迫害。

面对生命的威胁和金钱的诱惑，越来越多的公派官员被迫选择同流合污。

最终，经过数次商讨，英国政府将“上船付费”改为“下船付费”：只有将犯人平安健康地送达澳大利亚，船主们才能赚到运送费，少一个活人，就少赚一笔钱。

“到岸计数付费”的新方案实施不久，效果立竿见影，运送的英国犯人死亡率急剧降至1%以下，有的船只由于健康措施周全，甚至创造了零死亡的纪录。

这个故事启迪我们，有用的制度发挥了化腐朽为神奇的功效，既降低了监督成本，又抑制了不良风气。

邓小平同志早就讲过：“制度好可以使坏人无法任意横行，制度不好可以使好人无法充分做好事，甚至会走向反面。”①

制度很重要，但这并不是说道德约束机制就不重要。

---

① 邓小平．邓小平文选：第二卷［M］．北京：人民出版社，1994：333.

事实上，在制度机制不健全的情况下，道德的力量有时可以最大限度地维护个人权利和社会正义。只不过更多的时候，道德只能用来自律，是个人对自我的约束，如果用来他律，往往就会出现运行问题。

由此，规则和制度的重要性就显现出来了。

因此，不能单单奢望通过道德约束就能建设好国家和社会。只有将道德和制度有机结合，辨证施治，我们的社会才会变得越来越好。

制度自信的力量

2019 年是华为承前启后、继往开来的一年，也是披荆斩棘，砥砺前行的一年。这一年，华为手机的出货量继续增加，在全球智能手机市场中占据举足轻重的地位。这一年，5G（第五代移动通信技术）商用开始启动。作为 5G 的领先者，华为自然受到万众瞩目。

同样是这一年，美国将华为列入实体清单，在未获得美国商务部许可的情况下，美国企业将无法向华为供应产品。

炫目的成就，加之国外的制裁，让这家企业一次又一次地“刷屏”。人们不禁疑惑，是什么让一家民营企业有着如此多的殊荣，甚至引来美国的针锋相对呢？

"技术会随着时代发展被淘汰，但是管理体系不会。"①

"华为公司最宝贵的是无生命的管理体系，以规则、制度的确定性来应对不确定性，争夺大数据流量时代的胜利。"②

我们能够从华为总裁任正非的一系列演讲中提取一个关键词——制度。

华为打造了注重产品质量的大质量管理体系，建立了"外部吸收，内部共享"的企业管理制度，以规则和制度的确定性来应对不确定性。华为用注重质量、激励奋斗的制度提高企业的竞争力，用财富共享、员工持股的制度凝聚员工向心力，用领队培养、丰厚回报的制度增加对人才的吸引力。

正是这样一套有效且有力的制度，让华为成为一颗冉冉升起的企业"明星"，在世界舞台中熠熠生辉。

一个企业或企业家尚且如此重视制度。一个国家又应如何看待制度、设计制度和执行制度呢？

如果把我们国家庞大机器的运行和华为这样一个企业经济体的运行做一个比较，那么，一系列制度的成功是华为日就月将、睥睨全球的"秘诀"；而国家制度的成功就是国家现代化事业不断从胜利走向更大胜利的"法宝"。

"有道之君，行法修制，先民服也。"有制度，才有规矩；有规

① 任正非．建立无生命的管理体系［N］．通信产业报，2017-01-23（10）．

② 任正非．华为眼中的大质量管理体系［J］．中外企业文化，2016（1）：65．

矩，才成方圆。制度兴则国兴，制度强则国强。

从利益分配制度到人类社会制度，从企业运行制度到国家治理制度，制度没有标准答案，也没有统一概念。

因此，如果要给制度下一个相对明确的定义，那么制度一般指要求大家共同遵守的办事规程或行动准则，也指在一定历史条件下形成的法令、礼俗等规范或一定的规格。

对于一个企业而言，制度是确保企业基业长青、创新发展、活力迸发的根本保障，它能让一个企业完成从依靠领袖个人到依靠组织机制、依靠人才文化的转型升级。

对于一个政党而言，制度是实现管党治党、治国理政的“法宝”和“利器”。它能让党员自觉遵守行为规范，履行党员义务，为了政党共同的使命不懈奋斗。

对于一个国家而言，成熟的、科学的制度是国家发展壮大、繁荣富强、永葆生机的保障，它让每一位生于斯、长于斯的国民感受到秩序感、安全感、幸福感。

制度不是贴“标签”

制度跟我们每个人息息相关。

但是，仅仅贴一个标签让自己心里有个安慰就够了吗？或者，别人行之有效的“标签”，拿过来给自己用，就能取得一样的成效吗？

答案当然是否定的。

我们不难发现，取得较大成就的人，通常都有一套为自己量身打造的“制度”，如学习制度、生活制度、工作制度等，进而形成一种良好的可持续的学习规律、作息规律、饮食规律。这些“制度”的成功，让他们的人生充满“自由”，充满无限可能。

而我们也总是羡慕那些取得较大成就的人。有些人总想着走捷径，把成功者那套“制度”挪过来往自己身上套，希望也能产生奇效。

国家制度的选择也是这样，有人想学别人，也有人想让别人学。比如，西方一些人认为，西方制度是实现现代化的唯一选择，是普世的制度模式。历史终结论者则宣称，资本主义自由民主制度是“人类意识形态进化的终点”和“人类最后一种统治形式”。这些人认为，只要按照西方的那套体系做了，就能成为世界强国，成为全球的领导。

当然，每一种制度都有其渊源和逻辑。我们讲西方制度，并非为了否定其存在的“合理性”，只是想说明：西方制度是在西方土壤里长出来的，是适合西方世界的制度体系，不代表也不可能适合所有国家。全世界使用相同制度“标签”的国家也很多，又有哪两个国家有着一样的运行过程，还有着一样的运行成效？

直接搬用西式制度的反面案例也是殷鉴不远。

20 世纪 80 年代末，在西化思潮及“和平演变”战略的深刻影响下，众多东欧社会主义国家纷纷红旗落地、“改旗易帜”。20 世纪 90 年代初，世界历史发生了著名的苏联解体事件，苏联共产党失去执政地位，由 15 个加盟共和国组成的苏维埃社会主义共和国联盟顷刻间土崩瓦解。

有这样一个形象的概括：苏共在有 20 万党员的时候，发动了十月革命，建立了世界上第一个社会主义国家；在有 200 万党员的时候，打败了德国法西斯的侵略，在“二战”后逐渐成长为跟美国相提并论的超级大国；但是它在有 2 000 万党员的时候亡党亡国了。

戈尔巴乔夫时期的苏联，推行“改革与新思维”，主张西方自由化，从根本上放弃了社会主义的价值观念和政治体制，最终国家猝然解体，曾经的世界一流国家于 20 世纪 90 年代末很长一段时间内不断沉沦，留下了深刻的历史教训。

作为我们曾经的社会主义“老大哥”，苏联亡国、苏共亡党的教训不可谓不深：盲目向西天取经形同“邯郸学步”，脱离本国国情而去“抄作业”的制度根本无法独善其身，注定会陷入历史发展的泥沼。

新中国成立 70 多年来的壮丽征程已经无可辩驳地证明：一个国家的政治制度决定于其经济社会基础，不能脱离特定经济社会条件和历史文化传统来抽象评判。世界上没有完全相同的政治制度模式，一个国家在设计政治制度时不能生搬硬套外国政治制度模式，必须注重历史与现实、理论与实践的有机统一。

制度不是简单地贴“标签”。水土不服的制度不是好制度。在制度选择问题上，不能做第二个别人，而是要成就最好的自己。

第二节
中国特色社会主义制度是什么

庚子之春，病魔肆虐。一场突如其来的新冠肺炎疫情，把中国和世界带入一场非常战役。

病毒，异常狡猾；形势，空前严峻。疫情传播速度之快、感染范围之广、防控难度之大，为新中国 70 多年历史上前所未见。在这场“战疫”中，党的领导和中国特色社会主义制度发挥了显著优势。2020 年 3 月底，中央明确，以武汉为主战场的全国本土疫情基本阻断，中国“战疫”取得了重大阶段性成果。

中国“战疫”成效，让世界上很多国家难以置信。

抗疫成效有很多解读视角，而制度密码不得不谈。

透视中国特色社会主义制度

中国特色社会主义制度来之不易，成之维艰。

一代又一代中国共产党人带领中国人民，靠着“敢教日月换新天”的闯劲、拼劲和干劲，经过长期的实践和探索，创造出了一整套适合中国国情、具有旺盛生命力的制度体系。

事实上，我们不但建立了好的中国特色社会主义制度，还把这一制度发展成了制度优势，进而把这种制度优势进一步发展为制度信任，形成了制度自信，成为中国特色社会主义“四个自信”的重要组成部分。

那么，什么是中国特色社会主义制度呢?

中国特色社会主义制度由根本制度、基本制度、重要制度三个部分构成。三者的关系，从宏观到微观，从本质到具体，是一个有层次、逐步展开的系统整体。

先看我们的根本制度，它是定方向、管根本、看长远的，在中国特色社会主义制度的巍峨大厦中，根本制度好比这栋大厦的底座基石，不能有丝毫动摇，否则就会改姓、变质、崩塌。

这个根本制度就是社会主义制度，在不同领域还有具体指称。

在政治领域，人民代表大会制度是我们的根本制度，也就是根本政治制度。这一根本政治制度，把“人民”二字放在了最前面，也是“以人民为中心”理念的宣示。

在意识形态领域，马克思主义的指导地位是根本制度。我们既不走回到落后制度的“老路”，也不走照抄照搬别国制度的“歧路”，我们走的是中国特色社会主义制度的“人间正道”。

在国防建设领域，党指挥枪，党对人民军队的绝对领导是根本制度。

根本制度明确之后，还要设计好基本制度和重要制度。

何谓基本制度？一言以蔽之，它是框定国家基本形态及其基本运行机制的制度。它主要由两大方面（经济和政治）、六个基本制度组成，经济、政治各三个，形象地说，就是“3+3”。

经济上是公有制为主体、多种所有制经济共同发展，按劳分配为主体、多种分配方式并存以及社会主义市场经济体制等三大基本经济制度，对应的是所有制制度、分配制度和经济体制制度。

政治上是中国共产党领导的多党合作与政治协商制度、民族区域自治制度、基层群众自治制度等三大基本政治制度，对应的是政党制度、民族制度和基层民主制度。

关于政党制度，世界上大多数民主国家不外乎两党制或多党制。

我们选择了世界大多数国家政党制度之外的第三条制度道路，即中国共产党领导的多党合作与政治协商制度，其中，中国共产党是作为领导力量的执政党，保证了国家的长治久安和制度稳定性；多党是作为协助力量的参政党，保证了政治民主和决策活力，“有事好商量”“大家的事情由大家商量着办”，这正是中国特色社会主义协商民主的真谛所在。

“履不必同，期于适足；治不必同，期于利民。”简单来说：适合的，才是最好的。

最后看重要制度，它是由根本制度和基本制度派生的、规定某一领域重要事项的主体性制度，在内涵和外延上可谓包罗万象、面面俱到。具体来说，指的是经济、政治、文化、社会、生态方面的制度安排。这就是中国特色社会主义建设“五位一体”的总体布局。

此外，还有我们党的民主集中制、领导干部任期制、党内监督制度等一系列党内制度。这些制度相互联系、相互协同，形成了一整套科学系统的制度体系。

概而言之，依其稳定性来看，根本制度是要牢牢坚守的，基本制度是要长期保持的，重要制度是要依据时代条件和实践经验调整完善的。

它们共同建构了一个完整而严密的中国特色社会主义制度大厦，这就是制度自信的“三合一”。

中国特色社会主义制度“特”在哪里？

讲完根本制度、基本制度和重要制度三个层面，再来看中国特色社会主义制度究竟“特”在哪里。

从中国特色社会主义制度的构成来看，中国特色社会主义的制度特质可以通俗地用四个字概括，即“合纵连横”。

合纵，就是将根本制度、基本制度规定与具体运行机制有机结合起来，将国家层面民主制度同基层民主制度有机结合起来。

连横，则是将党的领导、人民当家做主、依法治国有机结合起来，将中国国情与国际潮流有机结合起来。实现了两大统一：执政党、人民与法治的统一，国内与国际的统一。

这就是中国特色社会主义制度的独特性所在。

那么，中国特色社会主义制度的特质具体表现在哪些方面呢？

中国特色社会主义制度的第一个特质：它是具有“中国味”的制度。

有“中国味”的制度，主要是对比“苏联模式”和“西方模式”而言的。

以前我们对自己走的这条道路、遵循的这个理论、创造的这些制度、内在的这种文化，总有一点儿小心谨慎，甚至有那么一点儿不太自信，很在意别人的看法，很介意别人的评价，很希望得到别人的肯定。

经过了这么多年的摸索、求索和探索，大胆假设，小心求证，步子大点儿，勇敢向前……我们终于发现，时间是最好的裁判，实践是检验真理的标准，最好的制度原来是适合自己的制度，原来可以不用那么在意、不必那么介意别人的眼光；坚持做自己，展示好中国特色社会主义制度的美好形态，就一定能行稳致远，奔向诗和远方。

中国特色社会主义制度的第二个特质，也是中国特色社会主义制度的最大优势：党的全面领导。

100年栉风沐雨，薪火相传；100年筚路蓝缕，玉汝于成。一首《没有共产党就没有新中国》的歌曲传唱几十年，陪伴了一代又一代人的成长。“没有共产党就没有新中国”这个判断，不只是艺术的修辞或宣传的口号，更是历史的回响和实践的选择。

同样的道理，没有共产党，就没有新时期。没有共产党，也没有新时代。

党政军民学、东西南北中，党是领导一切的。党是最高政治领导力量，从根本上保证了中国特色社会主义制度富有效率，能集中力量办大事。

“万山磅礴，必有主峰；龙衮九章，但挈一领”。试想，中国那么大，人口那么多，城乡、区域和阶层之间发展存在很多不平衡、不充分的差异性问题，如果没有一个统一的执政党领导，没有一个强有力的领导权威，就存在人心涣散、一盘散沙的问题，甚至会有四分五裂、国将不国的危险。

有人可能会问，中国特色社会主义制度兹事体大，如果这个制度运行中出现问题怎么办？

中国特色社会主义制度的第三个特质：这是具有纠错能力和自我完善能力的制度。

好的制度就像我们身体里面的免疫系统一样，遇到伤害身体的细菌和病毒，就会马上启动应对机制，而且在纠错免疫的过程中，还具备了不断学习、不断修复和不断更新的强大功能。

新中国成立初期，我们盲目照抄照搬苏联经济发展模式，后来通过不断学习，以苏为鉴，我们学会了走自己的路，基于自己的独特国情建立相关制度。

改革开放伊始的新时期，基于反右扩大化、“大跃进”、“文化大革命”等历史教训，我们逐渐探索、发展并完善出一整套中国特色社会主义的制度体系。

中国特色社会主义进入新时代，制度建设也进入快车道，制度优势更加明显，制度建设更加全面，治理体系与治理能力更加现代化，为全面推进制度建设提供了新的更高起点。

中国特色社会主义制度能依靠自身纠正发展中的偏差和错误，这也从根本上保证了党的肌体保持健康、充满活力，不断奋发向上。

而且，我们还在不断学习，在学习中进化，在进化中升级，在升级中超越。从“三讲”到“三个代表”，从党的先进性教育到党的群众路线教育实践活动，从“两学一做”学习教育到“三严三实”专题教育，从“不忘初心、牢记使命”主题教育到党史学习教育……不光普通党员学，而且领导干部带头学。十九届中央政治局从2017年党的十九大召开到2021年6月1日，共集体学习30次（详见表1）。

党的十八大以来，新中国不断推进实践创新、理论创新和制度创新。2013年，党的十八届三中全会明确提出，要完善和发展中国特色社会主义制度，推进国家治理体系和治理能力现代化。[①]

中国共产党在带领人民实现中华民族复兴大业的征程中，告别了传统意义上的管理思维，树立了更具现代意义的治理理念，既坚

① 新华社．中共十八届三中全会在京举行 习近平作重要讲话［EB/OL］．（2013-11-13）［2021-04-14］．http://jhsjk.people.cn/article/23521588.

表 1　十九届中央政治局 30 次集体学习

时间	次数	主题	时间	次数	主题
2017.10.27	第一次	深入学习贯彻党的十九大精神	2019.07.30	第十六次	推进军事政策制度改革
2017.12.08	第二次	实施国家大数据战略加快建设数字中国	2019.09.24	第十七次	新中国国家制度和法律制度的形成和发展
2018.01.31	第三次	建设现代化经济体系	2019.10.24	第十八次	区块链技术发展现状和趋势
2018.02.24	第四次	我国宪法和推进全面依法治国	2019.11.29	第十九次	我国应急管理体系和能力建设
2018.04.23	第五次	《共产党宣言》及其时代意义	2020.05.29	第二十次	切实实施民法典
2018.06.29	第六次	加强党的政治建设	2020.06.29	第二十一次	深入学习领会和贯彻落实新时代党的组织路线
2018.07.31	第七次	全面停止军队有偿服务	2020.07.30	第二十二次	加强国防和军队现代化建设
2018.09.21	第八次	实施乡村振兴战略	2020.09.28	第二十三次	我国考古最新发现及其意义
2018.10.31	第九次	人工智能发展现状和趋势	2020.10.16	第二十四次	量子科技研究和应用前景
2018.11.26	第十次	中国历史上的吏治	2020.11.30	第二十五次	加强我国知识产权保护工作
2018.12.13	第十一次	深化国家监察体制改革	2020.12.11	第二十六次	切实做好国家安全工作
2019.01.25	第十二次	全媒体时代和媒体融合发展	2021.01.28	第二十七次	做好“十四五”时期我国发展开好局、起好步的重点工作
2019.02.22	第十三次	完善金融服务、防范金融风险	2021.02.26	第二十八次	完善覆盖全民的社会保障体系
2019.04.19	第十四次	五四运动的历史意义和时代价值	2021.04.30	第二十九次	新形势下加强我国生态文明建设
2019.06.24	第十五次	“牢记初心使命、推进自我革命”	2021.05.31	第三十次	加强我国国际传播能力建设

资料来源：http://www.12371.cn/special/lnzzjjtxx/.

持中国特色社会主义各项制度，又坚持在实践中完善和发展这些制度，使中国特色社会主义制度具有更加丰富的内涵、更加有效的机制，能够更加顺畅地运行。

所以说，坚定制度自信，不是故步自封，而是不断革除体制机制弊端，让制度成熟而持久。比如在“两会”上修改宪法、构建国家监察体系、改革党和国家机构、表决通过《中华人民共和国外商投资法》、出台《中华人民共和国民法典》《中华人民共和国香港特别行政区维护国家安全法》等，都体现了制度自信与制度创新之间的高度统一。

以上三个鲜明的制度特质，可用习近平总书记的一句话作为概括和总结，即“中国特色社会主义制度是当代中国发展进步的根本制度保障，是具有鲜明中国特色、明显制度优势、强大自我完善能力的先进制度”[①]。

中国特色社会主义制度的独特安排

要弄清中国特色社会主义制度是怎么形成、怎么发展的，还需要有世界眼光。中国特色社会主义制度能够成功，奥秘还在于它是合乎经济社会发展规律的制度。

人类社会发展史表明，通过科学的制度安排把各种生产力要素

① 习近平．习近平谈治国理政：第二卷［M］．北京：外文出版社，2017：36.

集中起来，聚焦关键点进行优化配置，就能充分激发潜力，达到既定基础和条件约束下的生产力发展水平上限。[①]

为了追求现代化目标，世界各国主要采取了两种不同类型的制度体系。一种是资本主义的制度体系，另一种是社会主义的制度体系。资本主义制度体系在推动现代化的过程中虽然起了不小的作用，但在两个方面具有重大弊端：一是它遵循资本的逻辑，哪里有剩余价值，经济就往哪里发展；二是这种发展是自发的，政府管不了，在全球化时代就更难于管理。

由于资本主义制度本身的性质，在资本主义国家，资本家对工人进行残酷压迫、剥削，资本家掌握大权、垄断资源，工人迫于生计、生存堪忧。

社会主义的兴起，就是要解决资本主义发展的弊病。

科学社会主义最早是马克思、恩格斯提出来的，列宁领导十月革命取得成功，使社会主义实现了从理论到实践的伟大飞跃。由此用社会主义制度体系来推进现代化，成为一种新的现代化道路。

这种现代化道路最早体现为“苏联模式”。应当说，“苏联模式”在当时还是取得了一定成就的，但它也有很多弊病，比如违背了市场经济发展的基本规律。实践证明，特别是在经济落后国家，不能完全靠政府来推动现代化，还必须遵循经济发展的客观规律。[②]

---

① 辛鸣．“中国之治”的制度逻辑［N］．人民日报，2018-11-16（7）．

② 杨金海．深刻认识中国特色社会主义制度的优势［N］．经济日报，2019-12-26（12）．

我们知道，科学社会主义这个“大项目”在中国能够落地生根、“孵化”成功，本身是一个前所未有的奇迹。

苏联解体后，不少西方学者唱衰社会主义国家，而中国始终坚持走中国特色社会主义道路，并逐渐探索出一套适合中国国情、具有旺盛生命力的制度体系。

中国特色社会主义的制度安排可以总结为：一个文明型国家，四方面设计安排。

第一是政党制度方面，中国实行的是新型政党制度，也就是中国共产党领导下的多党合作制度。

中国共产党虽然名称里有“党”字，但与西方政党有着本质上的不同。西方政党是公开的“部分利益党”，它们通过竞选和票决制对执政地位进行竞争。而中国共产党是代表整个国家和中国最广大人民根本利益的“整体利益党”，与西方政党的“部分利益党”内涵完全不同，背后是中国自己源远流长的政治传统。①

中国是一个“文明型国家”，其中非常重要的一个特点是“百国之和”。这样的国家自然有自己的政治传统，即统一的执政集团，② 这在当今的中国表现为党的集中统一领导。

沧海横流，方显英雄本色。在抗击新冠肺炎疫情中，中国共产

---

① 袁球璐. 复旦大学教授张维为——中国道路五大明显的制度优势［N］. 文汇报，2019-10-01（T16）.

② 袁球璐. 复旦大学教授张维为——中国道路五大明显的制度优势［N］. 文汇报，2019-10-01（T16）.

党领导的新型政党制度就发挥了“定海神针”的作用。

习近平总书记坐镇中军帐亲自指挥、亲自部署，党中央审时度势第一时间对人口超过千万的武汉做出“封城”决定，半个月内建成火神山、雷神山医院并极速交付使用，全国各地31支医疗队、超过42 000名医护人员驰援湖北前线，一大批优秀共产党员挺身而出、冲锋在前……凡此种种，都离不开中国共产党集中统一领导发挥的制度奇效。

不拆台、不互怼、不唱反调、不搞敌对，中国特色的新型政党制度能够在关键时刻和危难之际发挥团结一心的凝聚力，保障多党合作下各个社会阶层和人民群体心往一处想、劲儿往一处使。

回看过去一年来的抗疫历程，我们依然会感到惊心动魄。疫情暴发于2020年农历新春佳节前夕，是全国人口流动最频繁的时间节点；最早报告疫情的武汉乃九省通衢，身处中国的心腹地带；病毒前所未见，人类对其充满未知……面对种种不利条件，如果没有一个坚强有力的领导核心将全国人民拧成一股绳，后果不堪设想。连美国的彭博社都忍不住感慨：中国牺牲一个省来拯救世界免受冠状病毒的威胁。①

为何中国共产党能够发挥集中统一领导的显著优势？背后的制度密码在于党作为“整体利益党”，时刻将人民福祉放在心上。

在疫情防控中，突出表现为党将人民的生命安全和身体健康摆

① 姜浩峰.向新冠肺炎疫情发起总攻！［J］.新民周刊，2020（6）：13.

在首位。

习近平总书记指出，人民至上，生命至上，保护人民生命安全和身体健康可以不惜一切代价。[①]从刚出生的婴儿到百岁高龄的老人，都要积极救治，新冠病患产生的医疗费用，国家买单。面对异常狡猾的新冠病毒，做到应检尽检，应收尽收，应治尽治……

第二是经济制度方面，中国坚持以公有制为主体，多种所有制并存的基本经济制度，即社会主义市场经济。它是“看不见的手”与“看得见的手”的结合，是市场力量和政府力量的结合，是国有经济和民营经济的结合，也是中国传统中“民本经济”与现代经济的结合。

有位网友提了一个问题：“为什么驰援湖北的几乎都是公立医院？”

湖北省仅有33所三级甲等医院，却收治累计近7万名确诊病例，此外还有更多疑似病例和密切观察人群需要隔离和进一步确诊。

根据2020年3月8日国务院联防联控机制新闻发布会的通报，截至新闻发布会召开时，全国已经有346支医疗队抵达武汉和湖北，医疗队人数已达4.26万人，重症专业的医务人员达1.9万人。[②]其中，

---

① 习近平系列重要讲话数据库．习近平：保护人民生命安全和身体健康可以不惜一切代价［EB/OL］．（2020-05-22）［2021-04-14］．http://jhsjk.people.cn/article/31720085.

② 中国政府网．国务院联防联控机制新闻发布会［Z/OL］．（2020-03-08）［2021-04-14］．http://www.gov.cn/xinwen/gwylflkjz48/index.htm.

公立医院责无旁贷地扛起了战“疫”大旗。武汉更是集齐了“北协和、南湘雅、东齐鲁、西华西”的全国四大医学天团。

毫无疑问，公立医疗系统在此次新冠疫情防控中起到了至关重要的作用。

公立医院是绝对的主力。公立医院有着强大的硬实力和资源动员能力，以及更富“医者仁心”色彩的职业操守和奉献精神。不过，非公立医院也并未完全缺席。非公立医院坚守疫情第一线，具有更好的资源配置能力。两者相得益彰，共同展现了医者的仁心与担当。

第三是组织制度方面，聚天下英才而用之，选贤任能。从领导人产生的方式来看，我国采用的是“选拔 + 选举”结合的方式。我们选贤任能的制度融合了中国古代的政治传统，如历史上的“察举”和“科举”制度，加上党的干部制度传统及西方政治制度中的一些做法，最终形成了“选拔”与“选举”相结合的制度。

习近平总书记从政 48 年，经历遍及党、政、军各个领域，历经村、县、地、市、省、直辖市，直至中央等所有层级的主要岗位，每一层级都历练多年，都扎扎实实且政绩卓著。这使习近平总书记有足够的资历和自信来了解这个大国民众生活的真实情况。

因此，习近平总书记这样自我介绍：“我是人民的勤务员”[①]“我

① 习近平系列重要讲话数据库 . 习总书记的湖南足音［EB/OL］.（2016-03-09）［2021-04-14］. http://jhsjk.people.cn/article/28184392.

将无我，不负人民”①。

第四是民主制度方面，中国实行协商民主，众人的事情众人商量。现代民主制度并非只有简单的一人一票制，真正的民主也绝非只是简单的少数服从多数。在中国这样一个超大型人口规模的国家，14 亿人口中即使有 90% 的人对某一决策投赞成票，但剩余不赞成的 10% 也有 1.4 亿人。如何保障他们的利益？协商民主能够保障最广大人民的根本利益，通过协商民主找到民意的最大公约数，从群众中来，到群众中去。

在民主制度的探索过程中，中国逐渐形成了一种新型的社会主义协商民主制度。中国在决策过程当中，都是尽可能地民主，尽可能地倾听专家、学者、代表、民众等方方面面的意见。中国从上到下普遍实践的协商民主既有助于社会经济稳步发展，也保障了国家长期繁荣稳定。

比如，中国一个“五年规划”的制定过程，基本上是一年半时间内进行成百上千次、各个层面的协商、磋商，包括与政府的协商，与党内党外、智库，以及各个企业各方面的人士进行商讨。②习近平总书记反复强调，五年规划编制涉及经济和社会发展方方面

---

① 习近平系列重要讲话数据库 . 习近平主席访问欧洲微镜头：“欢迎你到中国去 ”［EB/OL］.（2019-03-24）［2021-04-14］. http://jhsjk.people.cn/article/30991873.

② 袁球璐 . 复旦大学教授张维为——中国道路五大明显的制度优势［N］. 文汇报，2019-10-01（T16）.

面，同人民群众生产生活息息相关，要开门问策、集思广益，把加强顶层设计和坚持问计于民统一起来，鼓励广大人民群众和社会各界以各种方式为“十四五”规划建言献策，切实把社会期盼、群众智慧、专家意见、基层经验充分吸收到“十四五”规划编制中来，齐心协力把“十四五”规划编制好。[①]

① 习近平系列重要讲话数据库. 习近平对“十四五”规划编制工作作出重要指示［EB/OL］.（2020-08-06）［2021-04-14］. http://jhsjk.people.cn/article/31812946.

第三节
自信之源：中国特色社会主义制度从哪里来

我们的基本经济制度为什么是以公有制为主体、多种所有制经济共同发展？我们的政党制度为什么是中国共产党领导的多党合作和政治协商制度，而不是西方世界流行的两党制和多党制？我们的文化制度为什么要强调党对文化事业的领导，其与国家对文化建设的管理制度之间有何关系？

“知向何处，不惑于方向；明所从来，不竭于动力”，这需要我们深入中国实际去探究我们的制度从哪里来。

根植于中华民族 5 000 多年的文明史

中国特色社会主义制度之所以能够生根发芽，离不开中国这片历史悠久、营养丰富、底蕴深厚的土壤。

先看基本经济制度，其背后就离不开五千年中华文化沃土的孕育和支撑。中国古代圣贤追求“修身、齐家、治国、平天下”的境界，其蕴含的家国情怀好似同心圆一圈圈向外扩展，“身修而后家齐，家齐而后国治，国治而后天下平”，不是在与国家、社会之间的张力中突出自我，而是在融入家国天下的过程中彰显存在的意义，这样的文化自然很容易成为所有制层面上的公有制、分配方式上的共同富裕等社会主义基本经济制度所亲和、适宜的文化土壤。从近代以来中国选择社会主义道路的历史进程可以窥见：长期以来经济政治生活中的剥削事实无形中放大了中国自古便存在的“不患寡而患不均”之社会文化心理，在经济制度上自然会对私有制有天然的内在排斥，“大同社会”的理想追求更容易对公有制产生希望，并对共同富裕的远景目标培养出本能的亲近感。

再看政治制度和文化制度，同样离不开深厚的中国历史传统和文化根源。“以人民为中心”的执政理念在我们的制度设计中起着举足轻重的作用。中国自古就有“民为贵”“以民为本”“民水君舟”的思想源泉。因此，中国特色社会主义在根本政治制度设计上将“人民”二字放在最前面，人民代表大会制度特别强调人民群众的主体地位，特别关注人民群众的参与，特别重视人民群众的意见，在发展思想上也尤其强调民生，不仅致力于改善人民生活，而且处处贯彻人民当家作主的理念。文化制度上，中国特色社会主义文化制度传承和弘扬了让老百姓有情感认同的“和合”“仁者爱人”“天下为公”等传统文化价值观，成为社会主义核心价值观的重要思想渊源。

最后重点来看看我们的选贤任能制度，亦与中国古代的人才选拔存在密切关系。

人才选拔，解决的问题就是什么样的人能够从政，以及应把决策权、管理权交到什么样的人手里。

科举制度就是针对这些问题给出的答案。

在科举之前，我们有过世袭制、察举制、九品中正制等，主要的用人标准是血缘和等级，普通人很难有“逆袭”的机会。

周朝官吏本来采用世袭制度，贵族享受分封，大夫以下经过举荐任低级官职。可是到了春秋战国，周天子发现，人心散了，队伍不好带，一部分贵族沦落为士，一部分平民上升为士。在管仲时期已经有“士农工商”这种分类，“士”代表的是读书人，像孔子祖上是商朝后裔，办学校变成了著书立说的“文士”，像苏秦本来以务农为生，求学后成为挂六国相印的“谋士”。这些人就成为最初的选拔对象，只不过当时还不考试，主要由贵族自主招聘收为家臣，所以留给我们的是“得士则昌”“礼贤下士”等说法。只要有一技之长，他们就可以登上历史舞台表演一番。当然，这种招贤纳士养家臣的模式，仅仅依赖面试，或许能物色到治国能人，但也可能招揽到“鸡鸣狗盗”之徒。

汉朝则主打“察举制”和“征辟制”。察举，是自下而上，由官员推荐优秀人才到政府任职，这些人才的优点可以是“贤良”，拥有“五讲四美”的美德；可以是“能言”，敢于提出建议和进行自我批评；可以是“孝廉”，孝敬父母廉洁公正；可以是“才气”，才华横溢七步成诗，等等。征辟，则是自上而下，皇帝或者大臣听说某人很优秀就可以将其召来，当然这也基于这个人在士林中的名声。但是受信息不畅和人情关系的多重影响，察举和征辟后来选出的人都局限在皇帝和官员自己熟悉的亲戚朋友圈里，人才选拔工作演变成靠关系网朋友圈“集赞”的行为，结果出现了“举秀才，不知书；举孝廉，父别居”的现象，也就是因才华被举荐的人不识字，因孝顺被推荐的人实际上根本不赡养父母。此时这种选拔已经变形走样了。

到了魏晋南北朝时期，“九品中正制”登上舞台。读书人接受品评，根据品行、才能、家庭背景等进行总结评语，比如“天材英博”就是学识比较好，“德优能少”就是品德不错但是能力差点儿，等等。然后再按照九个档次给出分数，定个品级，有关部门审核后写入档案，这就是“九品”。档案将成为他们履职、升职甚至退休的依据。

可是士子们已经团结不起来了，读书人队伍开始分化。一部分世世代代为官，形成了士族，这批人张嘴就是祖上“四世三公”，像王导、谢安，家里至少几代人在政府担任要职。所谓“昔日王谢堂前燕，飞入寻常百姓家”，“王谢”说的就是这种人家；另一部分运气不好，祖上最多在基层谋个一官半职，慢慢沦为庶族，虽然有才华爱读书，却怎么也无法进入士族的圈子，玩不到一块儿，所谓“无为守贫贱，坎坷长苦辛”，他们不甘于贫贱，只是机会不多，所以这部分也被称为“寒门”。

“九品中正制”也不成功，负责档案的大都是士族，品评过程“保送”的都是自己人，根本不给那些庶族机会，这也就慢慢形成了“上品无寒门，下品无士族”的局面。

保送还是考试，这是一个问题。

隋朝决定用更纯粹的方式选拔人才，以“策”取进士，地方也不再推荐或保送，大家凭考试水平说话，科举考试开始了。唐朝发现了冰冷考试背后的阳光，这种公正的方式让人才不断涌现出来，唐太宗就非常满意，在一次科举考试结束看着进士们鱼贯而入朝堂，高兴地跟身边人说，“天下英雄尽入吾彀中矣”，意思是考试真好，人才全都投身到大唐建设中啦。

千年科举对社会发展起到了重大的推进作用。通过层层考验，它把优秀的人才不分出身、不分血缘地遴选进来，充实到行政队伍中，一个利处是有效提升了行政化水平，另一个利处是扩大了政治参与，提高了社会流动性。

中国特色社会主义事业经历几十年的发展，如今已经到了船到中流浪更急、人到半山路更陡的关键时刻。再伟大的事业，也需要人去干，时代呼唤人才，需要人才。

在这样一个时代背景下，2019 年，中央新修订了《党政领导干部选拔任用工作条例》（以下简称《条例》）。中国特色社会主义事业是一场接力跑，需要一代接着一代干下去。《条例》就是在中国共产党领导下，为保证党的基本路线贯彻执行和推动中国特色社会主义事业顺利发展挑选优秀人才而专门制定的。

《条例》对考察识别干部的政治忠诚、政治定力、政治担当、政治能力、政治自律等做了详细的规定。从设计理念、考核内容、考核形式上看，一定意义上是对科举制度精华部分的“继承与创新”。

可以说，是深厚的历史渊源，以及历史已经证明的事实，让中国特色社会主义的人才选拔制度，既有“历史味”“中国味”，又有“时代味”。

中国特色社会主义制度之所以行之有效，离不开中国这片“土壤”。因此，中国特色社会主义制度和国家治理体系是以马克思主义为指导、根植于中国大地、具有深厚的中华文化根基、深得人民拥护的制度和治理体系。

奋起于中华民族由衰到盛的 180 多年近代史

1840 年，是中国近代史上一个具有标识性的年份。中国这个曾经有着辉煌历史但已千疮百孔的巨型“企业”，面临着痛苦的转型，甚至严重到面临一个问题：生存还是毁灭。

鸦片战争后，中国逐步沦为半殖民地半封建社会。为了改变国家、民族的悲惨命运，一代又一代中国人奋起抗争。

于是有了洋务运动，有了戊戌变法，有了清末新政，还有资产阶级革命派发起的辛亥革命，还有各式各样的“主义”。

其中值得关注的是当时被称为“自强运动”的洋务运动。

在当时的世界，欧洲的第二次工业革命正如火如荼，俄国也开始了自上而下的资本主义改革，从农奴制国家变成了君主立宪。日本也一样，田中奏折，明治维新。可以说，洋务运动的出现不是偶然，是资本主义向世界扩张后，落后者的自救。

但是，这些自救，或者说自强，真的达到预期目的了吗？师夷长技以自强，我们的洋务运动学习到“夷之长技”了吗，“自强”了吗？中日甲午战争彻头彻尾的战败，给中华民族涂上了屈辱的色彩。

东方两个国家的自强运动竟以这么大的差距提交成绩单，看来出问题的不仅仅是器物，还有制度。

20 世纪初，中国民主革命的先行者孙中山先生发动和领导了具有资产阶级民主革命性质的辛亥革命，推翻了清朝封建统治，建立了中华民国。随后，中华民国临时政府颁布《中华民国临时约法》，全盘照搬西方议会政治，允许人们结社结党。一时间，各类政治团体蜂拥而起，政党多达 300 多个，围绕国会选举，各党派展开激烈竞争，国民党最终赢得胜利。但随着宋教仁被刺杀、袁世凯解散国民党、取消国会、恢复帝制，民族资产阶级及其政党热切向往的议会制和多党制彻底破产，中国走向军阀混战、四分五裂的局面。

民国初年的议会制和多党制，是当时仁人志士对中国社会发展道路的探索，相对于封建专制是一个历史性进步，但这不仅为中外反动势力所不容，而且根本不能解决中国社会的主要矛盾和问题，无法成为解救中国的济世良方。孙中山先生也曾指出：“中国几千年以来社会上的民情风土习惯，和欧美的大不相同”，“所以管理社会的政治自然也是和欧美不同，不能完全仿效欧美”。[①]

1919 年，中国大地爆发了震惊中外的“五四运动”，这是中国近现代史具有划时代意义的一个重大事件。

爆发于民族危难之际的“五四运动”之所以具有划时代意义，是因为五四运动是一场以先进青年知识分子为先锋、广大人民群众参加的伟大爱国革命运动。

它超越了以往救亡运动只是对旧制度的局部修改的局限，而是一次“彻底地”反帝反封建的运动，它要通过制度的全面更新，创造一个新世界！

五四运动促进了马克思主义在中国的传播，促进了马克思主义同中国工人运动的结合，为中国共产党的成立做了思想上和干部上的准备。

中国共产党是以马克思主义为旗帜的政党。自它诞生之日起，便以革命性的、先进性的、纯粹性的面目出现在这个世界上。要回答的，是这个民族应该向何处去的根本性问题。

1949 年，新中国成立，中国共产党成为执政党，科学社会主义有了“中国姓”。筚路蓝缕，历经坎坷，中国共产党给出了自己的答案，那就是坚持马克思主义，坚定不移地走中国特色社会主义道

① 广东省社会科学院历史研究所，中国社会科学院近代史研究所中华民国史研究室，中山大学历史系孙中山研究室 . 孙中山全集：第九卷［M］. 北京：中华书局，1986：320.

路，建立中国特色社会主义制度。

不同于国民党的一党专制，也迥异于西方的两党制和多党制，我们建立了中国特色社会主义的政党制度：中国共产党领导的多党合作和政治协商制度。

中国共产党从最初只有几十人的小团队发展到现在拥有 9 000 余万成员的大团体，古老中国从当时为民族危亡而付出血的牺牲到现在全国人民为中华民族伟大复兴而奋斗，中国特色社会主义事业从“项目落地”到从中国经济、政治、社会、文化、生态各方面屡创“中国奇迹”，中国特色社会主义制度“功不可没”。

成长于新中国成立 70 多年的发展史

新中国成立以来 70 多年的历史，可以简单分为三个阶段。

1949 年新中国，中国人民开始“站起来”。

1978 年新时期，中国人民慢慢“富起来”。

2012 年新时代，中国人民逐渐“强起来”。

在不同的发展阶段，中国特色社会主义制度也经历了不同的发展过程。慢慢地从学习别人到做好自己，从参与者、跟随者到贡献者、引领者。

海纳百川，有容乃大。善于学习别人，从不僵化，在学习过程中不断发展完善自己的能力，这是中国特色社会主义制度永葆生机活力的源泉。

邓小平曾充满自信地说："我们的制度将一天天完善起来，它将吸收我们可以从世界各国吸收的进步因素，成为世界上最好的制度。"[①]

2019年，我们庆祝了中华人民共和国成立70周年，新中国70年取得的历史性成就充分证明，中国特色社会主义制度是当代中国发展进步的根本保证。而70年的历史也就是一部中国特色社会主义制度不断自我完善和发展进步的历史。

在庆祝新中国成立70周年后不久召开的党的十九届四中全会上，顺应时代要求，专题聚焦坚持和完善中国特色社会主义制度、推进国家治理体系和治理能力现代化等若干重大问题。

会议通过回顾我们党领导人民创造的"世所罕见的经济快速发展奇迹和社会长期稳定奇迹"，全面总结中国特色社会主义制度建设的历史性成就；通过总结13个显著优势，集中概括中国特色社会主义制度和国家治理体系的显著优势；通过总结13个方面，深刻阐述支撑中国特色社会主义制度的根本制度、基本制度、重要制度。

党的十九届四中全会的召开适逢其时、意义重大，称得上对70年来从新中国走到新时期，再从新时期走到新时代这一系列发展历程中制度建设取得丰硕成果的深刻总结、生动注解和高度升华。

---

① 邓小平．邓小平文选：第二卷［M］．北京：人民出版社，1994：337.

新中国：制度开始“立起来”

1949年新中国成立后的社会主义革命与建设时期，我国在从全盘照搬到辩证对待苏联制度模式的实践中探索中国特色社会主义制度。

习近平总书记指出，新中国成立“刚开始，我们只能学习苏联经验，但在实践中我们党很快就察觉到苏联模式的局限，提出要以苏为鉴，独立探索适合中国国情的社会主义建设道路”[①]。

为什么要学习乃至照搬苏联经验做法和制度模式呢？因为那时候的苏联，在社会主义阵营里面的地位，用一句话概括，就是“一直被模仿，从未被超越”。更何况，在当时的国际形势下，选择其实不多，或美国或苏联，或资本主义阵营或社会主义阵营。

事实上，学习苏联经验做法、引进苏联先进制度，在当时也有历史必然性。1949年新中国建立时，用四个字可以概括当时的情形，那就是一穷二白。“穷”就是没有多少工业，农业也不发达。“白”就是一张白纸，文化水平、科学水平都不高。新中国基于如此低的发展起点，又要在极短时间内把一个落后的农业国快速转变成一个先进的工业国，效仿苏联模式就成为现实选择。

---

① 习近平系列重要讲话数据库.《习近平总书记系列重要讲话读本（2016年版）》二、实现中华民族伟大复兴的必由之路——关于坚持和发展中国特色社会主义［EB/OL］.（2016-04-21）［2021-04-14］. http://jhsjk.people.cn/article/28292330.

毛泽东后来说："因为我们没有经验，在经济建设方面，我们只得照抄苏联，特别是在重工业方面，几乎一切都抄苏联，自己的创造性很少。这在当时是完全必要的。"①

学习苏联，为我们新中国成立初期从经济崩溃的边缘迅速恢复和发展，建成初步的工业体系以及完成"一五"计划都带来了积极影响。

随着社会主义实践的发展，苏联模式的制度弊端开始在苏共二十大前后逐渐暴露。对此，毛泽东指出："最近苏联方面暴露了他们在建设社会主义过程中的一些缺点和错误，他们走过的弯路，你还想走？"②"过去我们一些人不清楚，人家的短处也去学。"③邓小平也在后来指出："过去，我们很多方面学苏联，是吃了亏的。"④

新中国成立初期，我们经历了从学习苏联制度模式到"以苏为鉴"、探索自己发展道路的艰辛历程，积累了历史经验的同时，也留下了深刻教训。

中国特色社会主义制度之所以能历尽艰辛和挫折走向成功和复

---

① 中共中央文献编辑委员会．毛泽东著作选读：下［M］．北京：人民出版社，1986：831.

② 中共中央文献编辑委员会．毛泽东著作选读：下［M］．北京：人民出版社，1986：720-721.

③ 中共中央文献编辑委员会．毛泽东著作选读：下［M］．北京：人民出版社，1986：741.

④ 中共中央文献研究室．邓小平年谱：1975—1997（上）［M］．北京：中央文献出版社，2004：210.

兴，正在于中国能够把马克思主义基本原理同中国实际和时代特征相结合，独立自主探索自己的制度选择。

新时期：特色制度“创起来”

1978 年改革开放以来的新时期，我国在学习借鉴发达国家先进制度经验的实践中创造性地探索了中国特色社会主义制度。

中国特色社会主义制度的强大自我完善能力就在于——“取其精华，择善而从”。改革开放 40 多年，中国发展奇迹主要源于中国人民的辛勤创造，也离不开对各国人民先进经验的学习、吸收和借鉴。要学蜜蜂采百花，问遍百家成行家。积极学习，大胆借鉴人类文明的一切优秀成果，是新时期中国特色社会主义制度不断发展完善的重要途径。

改革开放开启了中国特色社会主义发展新时期，也标志着中国开始进入学习世界发达国家经验做法和先进制度的发展阶段。

改革开放初期，邓小平多次提出要学习、引进发达国家的先进技术、资金和管理经验，邓小平指出：“社会主义要赢得与资本主义相比较的优势，就必须大胆吸收和借鉴人类社会创造的一切文明成果，吸收和借鉴当今世界各国包括资本主义发达国家的一切反映现代社会化生产规律的先进经营方式、管理方法。”①

当然，我们的学习是有原则的。邓小平规定了我们学习发达国

---

① 邓小平 . 邓小平文选：第三卷［M］. 北京：人民出版社，1993：373.

家先进制度做法的原则和底线："我们执行对外开放政策，学习外国的技术，利用外资，是为了搞好社会主义建设，而不能离开社会主义道路。我们要发展社会生产力，发展社会主义公有制，增加全民所得。我们允许一些地区、一些人先富起来，是为了最终达到共同富裕，所以要防止两极分化。这就叫社会主义。"①

他还具体指出："我们要有计划、有选择地引进资本主义国家的先进技术和其他对我们有益的东西，但是我们决不学习和引进资本主义制度，决不学习和引进各种丑恶颓废的东西。……我们要向人民特别是青年介绍资本主义国家中进步和有益的东西，批判资本主义国家中反动和腐朽的东西。"②

在学习、借鉴发达国家先进制度做法的基础上，总设计师以巨大的政治勇气和理论勇气，指出计划和市场都是经济手段，不是社会主义与资本主义的本质区别。这是我国在探索社会主义经济发展道路上的重大创新，突破了传统意义上将社会主义经济等同于计划经济的思想桎梏。

新时期向发达国家学习先进制度的对外开放决策，使我国抓住了重要战略机遇期，为创造性探索中国特色社会主义制度提供了保障。改革开放以来的新时期，中国特色社会主义制度在吸收外来的同时，不忘"社会主义"的本来，又面向"世界发展"的未来，在

① 邓小平．邓小平文选：第三卷［M］．北京：人民出版社，1993：195.
② 邓小平．邓小平文选：第二卷［M］．北京：人民出版社，1994：168.

学习借鉴发达国家先进制度经验的实践中创造性地探索中国特色社会主义制度。

新时代：制度自信“提出来”

从新时期步入新时代，中国特色社会主义道路、理论、制度、文化不断发展并加以彰显，中国从学习借鉴发达国家发展经验到向世界推出中国方案、从被动适应国际规则秩序到主动引领经济全球化，给世界上那些既希望加快发展又希望保持自身独立性的国家提供了制度选择和示范样本。

中国特色社会主义进入新时代，我国从国际制度体系的跟随者转变为全球治理体系的引领者，也开始向世界提供中国智慧和中国方案。

事实上，近代以来的国际制度体系一直由西方世界确立、把持和主导。中国自改革开放以来，尤其是加入世界贸易组织以来，进入国际制度体系的“跟随者”阶段。

规则制定权和国际话语权都掌握在别人手里。学习别人就要看别人脸色，个中艰辛，冷暖自知。

进入新时代，随着中国经济体量的不断增强和综合国力的日益提升，我们逐渐从国际治理体系的“经验学习者”角色向“方案提供者”角色转变。

习近平总书记反复强调：在国际经贸规则制定、全球经济治理方面，“我们不能当旁观者、跟随者，而是要做参与者、引领者”①，我们“过去只是被动适应国际经贸规则，现在则要主动参与和影响全球经济治理”②，中国“有信心为人类对更好社会制度的探索提供中国方案”③。

党的十九大报告强调，新时代是中国“积极参与全球治理体系改革和建设，不断贡献中国智慧和力量”，“日益走近世界舞台中央、不断为人类作出更大贡献的时代”④。

从提出“一带一路”倡议并出资300亿美元发起成立亚洲基础设施投资银行，到向国际社会提出“人类命运共同体”理念，新时代的中国将为解决人类问题贡献更多的中国智慧和中国方案。

中国特色社会主义进入新时代，我们坚持和完善中国特色社会主义制度，不断推进国家治理体系和治理能力现代化，坚决破除一切不合时宜的思想观念和体制机制弊端，突破利益固化的藩篱，吸收人类文明有益成果，着力构建系统完备、科学规范、运行有效的

---

① 中共中央文献研究室 . 习近平关于社会主义经济建设论述摘编［M］. 北京：中央文献出版社，2017：293.

② 中共中央文献研究室 . 习近平关于社会主义经济建设论述摘编［M］. 北京：中央文献出版社，2017：295.

③ 习近平系列重要讲话数据库 . 习近平在庆祝中国共产党成立 95 周年大会上的讲话［EB/OL］.（2016-07-02）［2021-04-14］. http://jhsjk.people.cn/article/28517655.

④ 习近平系列重要讲话数据库 . 决胜全面建成小康社会　夺取新时代中国特色社会主义伟大胜利——在中国共产党第十九次全国代表大会上的报告［EB/OL］.（2017-10-27）［2021-04-14］. http://jhsjk.people.cn/article/29613458.

制度体系，使我国社会主义制度的优越性更加彰显。[①]

当前，一些国家对中国经济社会发展的成就给予了高度评价，却对成就背后的制度因素不理解或不认同，有的甚至指责、歪曲中国特色社会主义制度。

这不仅因为他们对中国特色社会主义制度的认识存在不足，更因为他们固守所谓现代化的西方模式，戴着“有色眼镜”看待中国特色社会主义制度。新锐历史学家、《人类简史》《未来简史》《今日简史》作者、以色列青年学者尤瓦尔·赫拉利认为，与传统的欧美发达国家相比，正在崛起的中国“更像是全球化的积极倡导者”[②]。

坚定制度自信，既要遵循普遍规律又要不墨守成规，既要借鉴国际先进经验又要反对照抄照搬，既要吸收别人好的东西又要保持自己好的东西，唯此才能做到“各美其美、美人之美、美美与共、天下大同”。习近平总书记在亚洲文明对话大会的演讲中指出：“如果各国重新回到一个个自我封闭的孤岛，人类文明就将因老死不相往来而丧失生机活力。”[③]

制度可以复制，但很难被粘贴。制度自信为何而信？一种社会制度要有效、管用，就必须扎根本土，同社会生产力发展水平、社

① 刘志明 . 坚定制度自信：原因、要义和要求——学习习近平总书记关于制度自信的重要论述［J］. 世界社会主义研究，2018（5）：22.

② 尤瓦尔·赫拉利 . 今日简史［M］. 林俊宏，译 . 北京：中信出版社，2018：11.

③ 习近平系列重要讲话数据库 . 习近平：深化文明交流互鉴 共建亚洲命运共同体——在亚洲文明对话大会开幕式上的主旨演讲［EB/OL］.（2019-05-16）［2021-04-14］. http://jhsjk.people.cn/article/31087252.

会发展阶段相适应。既不能急于求成，搞制度上的浪漫主义、理想主义，也不能邯郸学步、照抄照搬，更不能指望抄来一部“西天经”，搬来一座“飞来峰”。

时间和实践的双重检验

中国特色社会主义制度从历史中走来，这种制度自信的内在逻辑从何而来？

很重要的原因在于，中国特色社会主义制度的优势已被时间和实践充分印证，改革开放 40 多年来中国发生的举世瞩目的变化就是最好的素材。

制度自信是建立在实打实的发展成就之上的。有图未必有真相，数据和事实最有发言权，那么我们先来看一组数据。

改革开放 40 年来，我国国内生产总值由 3 679 亿元增长到 2017 年的 82.7 万亿元，年均实际增长 9.5%。

同期世界经济年均增速是多少呢？ 2.9% 左右。

改革开放 40 年来，我国国内生产总值占世界生产总值的比重由改革开放之初的 1.8% 上升到 15.2%。

多年来，我们对世界经济增长的贡献率有多大？超过 30%。

改革开放 40 年来，我国货物进出口总额从 206 亿美元增长到超过 4 万亿美元，累计使用外商直接投资超过 2 万亿美元，对外投资总额达到 1.9 万亿美元。

现在，我国是世界第二大经济体、制造业第一大国、货物贸易第一大国、商品消费第二大国、外资流入第二大国，我国外汇储备连续多年位居世界第一。①

我们再来看一组数据。

2018 年年末，全国农村贫困人口减少到 1 660 万人（按现行国家农村贫困标准测算），贫困发生率下降到 1.7%。②

2019 年年末，脱贫成绩单再次刷新：1 000 余万人脱贫，340 个县摘帽。③

2020 年是脱贫攻坚战的决胜之年，突如其来的新冠肺炎疫情给我们的“战贫”出了一道加试题，但有前面这么多年打下的坚实底子，有 9 000 多万共产党员冲锋在前，有 14 亿中国人民的勠力奋斗，我们在决战脱贫攻坚方面取得了决定性胜利！

在“战疫”干扰下的“脱贫攻坚”，将使我们的全面建成小康社会目标更具含金量和说服力！

即使我们各方面的人均水平离世界发达国家还有不小差距，但是俗话讲得好：“会看的看门道，不会看的看热闹。”门道就是本

---

① 习近平系列重要讲话数据库 . 习近平：在庆祝改革开放 40 周年大会上的讲话［EB/OL］.（2018-12-18）［2021-04-15］. http://jhsjk.people.cn/article/30474794.

② 张翼 . 2018 年全国农村贫困人口减少 1 386 万人［N］. 光明日报，2019-02-17（2）.

③ 新华网 . 2019 全国扶贫开发工作成绩单亮相：1 000 余万人脱贫，340 个县摘帽［EB/OL］.（2019-12-21）［2021-04-15］. http://www.xinhuanet.com/politics/2019-12/21/c_1125372395.htm.

质，门道就是趋势。从发展本质和发展趋势来看，我国就业规模持续扩大、城乡居民收入显著提高、居民生活水平和质量极大改善、民众幸福指数直线上升、社会保障事业全面推进、扶贫工作取得了举世瞩目的成就。

以上所举数据主要是经济方面的，此外还有政治、文化、社会和生态文明等方面。总之，中国能够保持 40 多年的经济快速增长，并在政治、文化、社会、生态文明建设上取得一系列重大成就绝非偶然，而是具有深刻的理论与现实根源。

中国特色社会主义制度的优势已被时间和实践证明。

改革开放 40 多年，中国发生了举世瞩目的变化，取得了世所罕见的成就，人民群众物质文化生活水平不断提高，国家综合国力和国际地位大幅提升。

时间不会说谎，事实胜于雄辩。纵观天下，放眼全球，中国发展的长期性和稳定性、耐力和韧劲不能不说是一个奇迹，这些都足以证明中国特色社会主义制度的合理性、稳定性与优越性。

历史是最好的教科书。迈向百年的中国共产党一路走来，筚路蓝缕；已度过七十载岁月的中华人民共和国披荆斩棘，风雨兼程。历史风雨中，共产党人领导下的社会主义中国，依靠在自身土壤中生长起来的制度优势，灭虫病、防疟疾，战洪水、斗风雪，抗“非典”、搏地震，将一次次危机转化为一个个契机；时代天地间，在抗击新冠肺炎疫情的人民战争中，制度优势继续彰显独特魅力，在危难中再立新功，也为凤凰涅槃的党史、国史添上了厚重的一笔。

历史时间和发展实践都充分证明，中国特色社会主义制度根植于自己的文化传统，独特的基本国情、历史命运和文化传统塑造了中国特色社会主义制度。

事实上，制度和人都很重要。人的本质是一切社会关系的总和，因为有人才会形成一个地区、一个国家，然后才会出现属于这个国家的制度。而制度的存在是间接影响人们行为的重要因素之一，国人众志成城、齐心抗疫的团结表现在一定程度上亦是制度的反映。

路在脚下，只有适合自己的才是最好的，也只有适合自己国情的制度才是最可靠、最高效、最管用的。

发展成就的背后也有着内在的制度密码，确立一套适合中国国情、根植于中国文化传统、在改革开放实践中不断发展和完善的中国特色社会主义好制度，是中国从成功不断走向新的成功的关键因素。

第四节
自信之答：中国特色社会主义制度好在哪儿

在西藏拉萨河畔静静地矗立着一座纪念碑：青藏川藏公路纪念碑。为两条公路修建一座碑，这背后有着怎样的故事？

碑文上这样介绍：世界屋脊，地域辽阔，高寒缺氧，雪山阻隔。川藏、青藏两路，跨怒江攀横断，渡通天越昆仑，江河湍急，峰岳险峻。十一万藏汉军民筑路员工，含辛茹苦，餐风卧雪，齐心协力征服重重天险。挖填土石三千多万立方，造桥四百余座。五易寒暑，艰苦卓绝。三千志士英勇捐躯，一代业绩永垂青史……高原公路，亘古奇迹。四海闻名，五洲赞叹。

当你静默在碑前，当你直观地感受着世界屋脊，当你坐着车盘旋在高山之巅时，你才能更深刻地感受碑文，11 万军民，历时 5 载，3 000 名志士英勇捐躯，这些数字和关键词背后的悲壮。

在高寒缺氧、极端恶劣的环境下，修筑两条世界最危险的公路，这些奇迹是怎么发生的？

先来看看修路的时间，那还是中华人民共和国成立初期：1950年启动，1954年12月25日拉萨正式通车。

再来看看修路的人：中国军队。你能想象修筑一条公路，需要配备手榴弹、冲锋枪吗？有这样一种说法，四千里青藏线，平均每2.5公里就有一名军人长眠于雪山冻土之中。

中国共产党领导下的人民军队把“人民”刻在心上，能够克服各种艰难险阻和重重障碍，创造人间奇迹。回望走过的路，一路凯歌高奏，一路风雨兼程，一路初心不改，我们解决了许多长期想解决而没有解决的难题，办成了许多过去想办而没有办成的大事，类似的奇迹不胜枚举。

当今国际形势纷繁复杂，为何中国风景这边独好？中国特色社会主义制度到底好在哪儿？答案是：好在党的集中统一领导，好在集中力量办大事，好在以人民为中心，好在以创新为驱动！

好在党的集中统一领导

一个强有力的政党，要得到人民群众的拥护和认同，能够把一个拥有14亿人口、9 000多万中国共产党党员的大国集中起来、凝聚起来，需要我们党不断地自我革新、自我净化、自我完善。党的十八大以来，我们党以改革创新精神全面加强党的建设，全面从严治党，以习近平同志为核心的党中央不断提高党把方向、谋大局、定政策、促改革的能力和定力，在更高水平上实现全党全社会思想上统一、政治上团结、行动上一致，为中国特色社会主义制度优势提供了坚强的政治保证和组织基础。

中国特色社会主义制度的体制优势与多党合作的政党制度是密不可分的。政治的事情是众人的事情，众人的事情就要由众人商量。好商量、多商量，就能商量出共识，商量出最大公约数，商量出正能量，商量出精气神，最终商量出治国理政大好局面，商量出改革发展丰硕成果。

中国共产党领导下的多党合作制度，也是一种商量。我国著名经济学家成思危曾经用“唱大合唱”这样一个形象的比喻，来说明民主党派与中国共产党的关系。我们的政党制度是“唱大合唱”，民主党派和中国共产党合作共事就是为了一个共同的目标……要大合唱，就要有指挥，这个指挥无论从历史还是现实来看，都只有中国共产党才能胜任。① 而西方的政党制度是“打橄榄球”，一定要把对方压倒。② 多党制背景下，不同政治利益集团为争取选民、上台执政而争权夺利，相互攻击，上台后则可能另起炉灶、推倒重来，

---

① 陈键兴，茆雷磊 . 成思危谈政党制度：中国民主党派不是政治花瓶［EB/OL］.（2006-09-20）［2021-04-15］. https://www.chinanews.com/other/news/2006/09-20/792872.shtml.

② 陈键兴，茆雷磊 . 成思危谈政党制度：中国民主党派不是政治花瓶［EB/OL］.（2006-09-20）［2021-04-15］. https://www.chinanews.com/other/news/2006/09-20/792872.shtml.

前任与我无关，新官不理旧账。

邓小平同志指出："资本主义社会讲的民主是资产阶级的民主，实际上是垄断资本的民主，无非是多党竞选、三权鼎立、两院制。我们的制度是人民代表大会制度，共产党领导下的人民民主制度，不能搞西方那一套。社会主义国家有个最大的优越性，就是干一件事情，一下决心，一做出决议，就立即执行，不受牵扯。"①

党政军民学，东西南北中，党是领导一切的。在抗击新冠肺炎的"战疫"中，以习近平同志为核心的党中央加强对疫情防控工作的统一领导、统一指挥、统一行动，制定疫情防控战略策略。习近平总书记作为党中央的核心、全党的核心，始终把疫情防控作为当前头等大事来抓，围绕疫情防控发表一系列重要讲话、做出一系列重要指示批示，有力地指导了疫情防控工作紧张有序开展。党中央总体指挥，科学研判，周密部署，精准施策，各地党委迅速行动，全体党员众志成城，冲锋在前。

"战疫"期间，两个数据广为流传。一个数据是 7%，是党员总数占 14 亿人口的大体比例，一个数据是 70%，是因抗击新冠肺炎而牺牲的公职人员中党员的大体比例。7% 和 70% 的数据对比背后，其实就是这个政党对这个国家和人民的承诺和付出。在习近平总书记及中央政治局常委的率先垂范下，全国广大共产党员纷纷踊跃捐款，表达对新冠肺炎疫情防控工作的支持。截至 2020 年 5 月，自愿捐款

---

① 邓小平 . 邓小平文选：第三卷［M］. 北京：人民出版社，1993：240.

支持疫情防控工作的党员已经达 8 972 万人次，共捐款 116.3 亿元。

数字告诉世人，在人民群众生命健康受到威胁的时候，是谁挺身而出，是谁义无反顾。

中国共产党坚强有力的体现之一就是在国家和人民急难险重的关头，能够迅速集中全党全国的资源和力量，全国一盘棋，全党一条心。

好在集中力量办大事

新中国成立 70 年来，我们取得了举世瞩目的伟大成就，创造了彪炳史册的人间奇迹，重要原因就在于我们形成、坚持和发展了一套制度，这就是中国特色社会主义制度。

中国用几十年时间走过西方国家上百年甚至数百年的发展之路，创造出世所罕见的发展奇迹，重要原因在于中国特色社会主义制度合乎经济社会发展规律，能够集中力量办大事。

不是任何制度都能够集中力量办大事，能够集中力量办大事的制度一定是真正以人民为中心的制度，是能够超越利益集团影响的制度。而真正的大事往往对全局发挥着关键作用，此类大事办不好，绝大多数小事就无从谈起。

中国早期的发展得益于水，一方面黄河冲积出肥沃的平原，滋养了华夏各族；另一方面大规模的水患逼迫先民高强度组织起来以便治水，促进了政治发展。尧舜禹时代的主要工作之一就是治水。

治水是典型的“集中力量办大事”的事业。同样与水有关，“南水北调”作为新中国成立以来重大的战略性工程，事关中华民族长远发展。几十年谋划、建设，没有持续的奋斗，没有持续的投入，没有“集中力量办大事”的制度优势，是不可能成功的。

回顾历史，新中国成立之初，在经济极端困难、技术基础薄弱、帝国主义封锁等严峻条件下，我们党带领全国人民发挥社会主义制度优势，集中力量研制“两弹一星”、勘探和开发大庆油田等，办成了一系列涉及国计民生的大事，为国家发展打下坚实基础，奠定了新中国的大国地位。

改革开放后，我们党继续发挥社会主义制度集中力量办大事的优势，实施西部大开发战略，抗击“非典”疫情、汶川大地震等公共卫生事件和自然灾害，推动我国改革开放和社会主义现代化建设取得巨大成就。这些成就，体现的正是中国特色社会主义制度的优越性，特别是“一张蓝图绘到底”的一贯性。这种一贯性在国际视野的映衬之下，也更能彰显中国特色社会主义的制度优势。

70 多年来，我们党和国家发挥制度优势集中力量办成的大事不胜枚举，这些大事就像缩影，如同愚公移山，迎难而上，明知不可为而为之。

习近平同志指出，“我们最大的优势是我国社会主义制度能够集中力量办大事。这是我们成就事业的重要法宝”①。

① 习近平系列重要讲话数据库．习近平：为建设世界科技强国而奋斗［EB/OL］.（2016-05-31）［2021-04-15］. http://jhsjk.people.cn/article/28399667.

集中力量办大事源于其独特的机制，即基于全局与局部、近期与远期发展的统筹兼顾，形成办大事的合力，将资源有效整合到战略性先导产业、前沿科技、重大基础设施等领域，不仅能降低资本配置的机会成本，更是解决了发展中国家由于落后而陷入劣势困境、想办但办不成关系国计民生的大事的问题，形成了通过办大事引领全局快速发展的机制。①

中国用几十年时间走完发达国家几百年走过的工业化历程，世界瞩目，通江达海，一个个世纪工程建成使用；规划版图，一个个发展高地跃然出世，我们解决了许多长期想解决而没有解决的难题，办成了许多过去想办而没有办成的大事。前进道路上，无论多少艰难险阻，中国人都能变优势为胜势。成就事业的自信来源于中国独有的制度优势——集中力量办大事。

历史车轮滚滚向前，注定会有一些瞬间要载入史册。

2019 年 9 月 30 日，备受瞩目的北京大兴国际机场正式通航。这座总面积超过 140 万平方米的国际机场，被英国《卫报》称为“世界新七大奇迹”之首。大兴机场从设计到建成，只用了 4 年时间。而英国的西斯罗机场，建造 T5 航站楼用了 13 年的时间，德国柏林机场建设了 25 年还没建成。美国加州高铁，2008 年规划，2015 年才动工，规划的 2 000 多公里，压缩到现在的 177 公里，预

① 郑有贵. 集中力量办大事：中国跨越发展的法宝［EB/OL］.（2019-05-20）［2021-04-15］. http://www.rmlt.com.cn/2019/0520/547311.shtml.

计到2033年才能竣工。[①]

习近平总书记在出席投运仪式上强调，大兴国际机场能够在不到5年的时间里就完成预定的建设任务，顺利投入运营，充分展现了中国工程建筑的雄厚实力，充分体现了中国精神和中国力量，充分体现了中国共产党领导和我国社会主义制度能够集中力量办大事的政治优势。[②]

“可上九天揽月，可下五洋捉鳖。”不论是高铁，还是海洋、航空领域，我国在全球引以为豪的项目，无一不是群策群力、集中力量办大事的结果。当前，我国面临的国际环境更为严峻复杂，特别是我国一些领域的发展逐步接近世界前沿。此时，必须继续发挥集中力量办大事的制度优势，推动我国工业化不断迈上新台阶。

过去，我们有中国特色社会主义制度作为保障，中国成就了一个又一个世界奇迹，未来，我们也一定会在这样的保障下，创造更多的新奇迹。

---

① 曲青山．坚定中国特色社会主义制度自信，是学习贯彻党的十九届四中全会精神首先要解决的问题——为新时代坚定制度自信提供理论指引［EB/OL］.（2019-12-02）［2021-04-15］. http://theory.people.com.cn/n1/2019/1202/c40531-31484549.html.

② 习近平系列重要讲话数据库．习近平出席投运仪式并宣布 北京大兴国际机场正式投入运营 韩正出席仪式并致辞［EB/OL］.（2019-09-25）［2021-04-15］. http://jhsjk.people.cn/article/31373290.

好在以人民为中心

2020年9月8日，全国抗击新冠肺炎疫情表彰大会举行。习近平总书记做了重要讲话，总结了“生命至上、举国同心、舍生忘死、尊重科学、命运与共”[①]的伟大抗疫精神。

第一条就是“生命至上”。

总书记深刻指出：“生命至上，集中体现了中国人民深厚的仁爱传统和中国共产党人以人民为中心的价值追求。‘爱人利物之谓仁。’疫情无情人有情。人的生命是最宝贵的，生命只有一次，失去不会再来。在保护人民生命安全面前，我们必须不惜一切代价，我们也能够做到不惜一切代价，因为中国共产党的根本宗旨是全心全意为人民服务，我们的国家是人民当家作主的社会主义国家。我们果断关闭离汉离鄂通道，实施史无前例的严格管控。作出这一决策，需要巨大的政治勇气，需要果敢的历史担当。为了保护人民生命安全，我们什么都可以豁得出来！从出生仅30多个小时的婴儿到100多岁的老人，从在华外国留学生到来华外国人员，每一个生命都得到全力护佑，人的生命、人的价值、人的尊严得到悉心呵护。这是中国共产党执政为民理念的最好诠释！这是中华文明人命关天的道德观念的最好体现！这也是中国人民敬仰生命的人文精神

① 习近平.在全国抗击新冠肺炎疫情表彰大会上的讲话［EB/OL］.(2020-10-15)［2021-04-15］. http://www.qstheory.cn/dukan/qs/2020-10/15/c_1126613052.htm.

的最好印证！”[①]

我们都知道，相信谁、依靠谁、为了谁，是否始终站在最广大人民群众的立场上，是区分唯物史观和唯心史观的分水岭，也是判断马克思主义政党的试金石。

马克思、恩格斯在《共产党宣言》中指出：“过去的一切运动都是少数人的或者为少数人谋利益的运动。无产阶级的运动是绝大多数人的、为绝大多数人谋利益的独立的运动。”[②]

作为一个马克思主义政党，为群众谋利益是中国共产党的执政使命，也是中国共产党执政合法性的基础。回望中国共产党近百年的历程，你不会不知道：

毛泽东提出的“全心全意为人民服务”“从群众中来，到群众中去”的群众路线；

邓小平提出的“人民拥护不拥护”“人民赞成不赞成”“人民高兴不高兴”“人民答应不答应”；

江泽民提出的“立党为公、执政为民”；

胡锦涛提出的“权为民所用、情为民所系、利为民所谋”；

习近平提出的“发展为了人民、发展依靠人民、发展成果由人民共享”及党的群众路线教育活动。

---

① 习近平．在全国抗击新冠肺炎疫情表彰大会上的讲话［EB/OL］.（2020-10-15）［2021-04-15］. http://www.qstheory.cn/dukan/qs/2020-10/15/c_1126613052.htm.

② 中共中央马克思恩格斯列宁斯大林著作编译局．马克思恩格斯选集：第一卷［M］. 北京：人民出版社，1995：283.

这些大家耳熟能详的话语，不是口号，而是中国共产党人一以贯之、始终坚持的价值理念，是孜孜以求、矢志不渝的奋斗目标，更是贯穿于中国特色社会主义制度的精神内核。

中国特色社会主义制度坚持以人民为中心，让人民当家做主，让人民行使权力。中国特色社会主义制度的逻辑是人民的逻辑。为了人民，让人民当家做主，维护人民利益，是中国特色社会主义制度最本质的属性、最核心的要求、最高的价值指向。

我们先看看以人民为中心在政治上的体现。

《宪法》规定："中华人民共和国是工人阶级领导的、以工农联盟为基础的人民民主专政的社会主义国家。社会主义制度是中华人民共和国的根本制度。"以国家根本大法的形式确立了人民在国家政治生活中的主体地位。

《宪法》规定，我国一切权力属于人民，人民是行使国家权力的主体。权力属于人民，当然是人民说了算。这也是社会主义制度和其他社会制度最显著的区别。

人民当家做主，可人民怎么行使权力呢？这可是个大问题，它直接关系着政权如何运行。

对人民来说，对自身事务的管理有很多种方式，在较大的范围内，人民代表大会制度是人民当家做主的最高形式；在较小的范围内，涉及公民直接利益的情况下，人们通过村民委员会、居民委员会，直接参与讨论决定与自己有关的事情。这里面涉及两项制度：人民代表大会制度和基层群众自治制度。人民代表大会制度是我们的政体，是根本政治制度；村民委员会、居民委员会则属于基层群众自治制度，是基本政治制度。

再来说说人民当家做主在经济上的体现。

人民当家做主是全面的做主，除了政治外，在经济制度和体制上也充分体现了人民主体地位。我们坚持以公有制为主体、多种所有制经济共同发展的基本经济制度和社会主义市场经济体制。

什么是公有？就是大家共同所有或部分人所有，于是，就有了全民所有制和集体所有制，生产资料所有人都是人民。

说到公有制，不得不说一说国有企业。当今世界，没有任何一个国家像我国这样，国有企业在经济社会发展中发挥如此重要的作用。2018 年中国企业 500 强榜单中，入围数占 52.6% 的国有企业给国家财政缴纳的税收为 3.25 万亿元，占 500 强纳税总额的 80.91%；而接近占“半壁江山”的入围民营企业缴纳税收占比为 19.09%。这告诉我们一个基本事实：社会主义市场经济离不开国有企业这个最重要的市场主体，国有企业是中国特色社会主义不可替代的“顶梁柱”。①

国有企业发展的收益与我们息息相关。国有企业给国家上缴收益，形成公共财政收入，然后用来改善民生。党的十八届三中全会要求提高国有资本收益上缴公共财政比例，2020 年提到 30%，

---

① 宋方敏 . 宋方敏：究竟谁是中国经济的顶梁柱？——不能放任国企私有化的舆论导向［EB/OL］.（2018-10-23）［2021-04-15］. http://www.kunlunce.com/klzt/guoqigaige/2018-10-23/128756.html.

更多用于保障和改善民生。这一要求更凸显了国有企业“全民所有”的性质，明确了国有企业在保障人民共同利益方面应做出更大贡献。

当然，在文化、社会、生态等方面也都体现了人民主体地位。

比如，早在1942年，毛泽东在延安文艺座谈会上的讲话中就提出了“文艺为什么人”的问题。延安时期最具代表性的作家丁玲，毛泽东评价她“昨日文小姐，今日武将军”。作为一个早期纯粹追求艺术个性的作家，当解决了“一个为群众的问题和一个如何为群众的问题”后，转型成为一个为国家摇旗呐喊的革命者。长期以来，在文化领域，我们始终坚持为人民服务、为社会主义服务，坚持百花齐放、百家争鸣，坚持贴近实际、贴近生活、贴近群众的原则。

在国家治理体系和治理能力现代化进程中，党委领导、政府主导、社会协同、公民参与、法治保障是五大要素，公民参与则是中间重要的一环。领导信箱、在线访谈、意见征集、建言献策、信息反馈、问卷调查等都是参与的重要方式，随着新时代中国特色社会主义民主进程的深入推进，公民参与更加充分、到位、走心。

在2015年10月党的十八届五中全会上，习近平总书记首次提出了“着力践行以人民为中心的发展思想”①，他还强调，以人民为

① 习近平系列重要讲话数据库．习近平：聚焦发力贯彻五中全会精神 确保如期全面建成小康社会［EB/OL］.（2016-01-18）［2021-04-15］. http://jhsjk.people.cn/article/28064766.

中心的发展思想，“不能只停留在口头上、止步于思想环节，而要体现在经济社会发展各个环节”①。

这几年，我们看到了新一届领导班子顺应人民对美好生活向往所做的努力，看到了实现好、维护好、发展好最广大人民根本利益的诚意和决心。我们不会忘记，在党的十九大 3 万多字的报告中，“人民”二字出现超过 200 次；而在报告现场，掌声 71 次响起就是人民群众最好的回应。

我们看看老百姓关注的钱袋子数据：2019 年全国居民人均可支配收入 30 733 元，比上年增长 8.9%，扣除价格因素，实际增长 5.8%。全国居民人均可支配收入中位数为 26 523 元，增长 9.0%。

发展为了人民，发展依靠人民，发展成果由人民共享。今天，我们致力的共享发展理念，是人人享有、各得其所的全民共享，是五位一体、广泛覆盖的全面共享，是人人参与、人人受益的共建共享，是立足实际、脚踏实地的渐进共享。而这种共享发展的理念正在一步步变为现实。

更好的教育、更稳定的工作、更满意的收入、更可靠的社会保障、更高水平的医疗卫生服务、更舒适的居住条件、更优美的环境，人民群众对美好生活的向往就是我们的奋斗目标。

---

① 习近平系列重要讲话数据库 . 习近平：聚焦发力贯彻五中全会精神 确保如期全面建成小康社会［EB/OL］.（2016-01-18）［2021-04-15］. http://jhsjk.people.cn/article/28064766.

好在以创新为驱动

创新是保持制度活力的根本。任何制度如果不随着实际情况去调整修正，都会逐步失灵失效，甚至封闭僵化。中国特色社会主义制度也是如此。

习近平总书记强调："离开不断改革，制度自信也不可能彻底、不可能久远。我们全面深化改革，不是因为中国特色社会主义制度不好，而是要使它更好；我们说坚定制度自信，不是要固步自封，而是要不断革除体制机制弊端，让我们的制度成熟而持久。"①

改革不只是细枝末节的修剪，更包括对原有制度、体制的根本性变革，改革主要是改制度。根本性的变革必然要求把制度创新作为最高形式，改革的过程归根结底是制度创新的过程。

在改革开放和制度创新的过程中，创新驱动是推动改革发展的活水源头，而人民群众是创新的力量之基。

今天，我们面对外部的围追堵截、内部发展阶段性的矛盾，在信息化、智能化时代，产业革命加速更迭的新形势下，后发展的国家如何弯道超车？

我们的答案是实施创新驱动发展战略。实施创新驱动发展战略，是应对资源约束、把握发展自主权、提高核心竞争力的必然选

---

① 中共中央文献研究室．习近平关于全面深化改革论述摘编［M］．北京：中央文献出版社，2014：22.

择，是更好地引领我国经济发展新常态、保持我国经济持续健康发展的必然选择。

作为一个战略，它是一揽子的全面计划。我们看看 2014 年以来习近平总书记的相关论述：

跟踪全球科技发展方向，努力赶超，力争缩小关键领域差距，形成比较优势。①

要以重大科技创新为引领，加快科技创新成果向现实生产力转化。②

激发调动全社会创新创业活力，加快形成以创新为主要引领和支撑的经济体系。③

要建立灵活的人才激励机制，让作出贡献的人才有成就感、获得感。要构建具有全球竞争力的人才制度体系。④

---

① 习近平系列重要讲话数据库 . 习近平：加快实施创新驱动发展战略［EB/OL］.（2014-08-18）［2021-04-15］. http://jhsjk.people.cn/article/25489716.

② 习近平系列重要讲话数据库 . 习近平在省部级主要领导干部学习贯彻党的十八届五中全会精神专题研讨班上的讲话［EB/OL］.（2016-05-10）［2021-04-15］. http://jhsjk.people.cn/article/28337020.

③ 习近平系列重要讲话数据库 . 习近平：保持战略定力增强发展自信 坚持变中求新变中求进变中突破［EB/OL］.（2015-07-19）［2021-04-15］. http://jhsjk.people.cn/article/27325865.

④ 习近平系列重要讲话数据库 . 习近平：让互联网更好造福国家和人民［EB/OL］.（2016-04-19）［2021-04-15］. http://jhsjk.people.cn/article/28288503.

要促进科技同产业、科技同金融深度融合，优化创新环境，集聚创新资源。①

加快一流大学和一流学科建设，推进产学研协同创新，积极投身实施创新驱动发展战略。②

加快推进创新驱动发展战略，深入参与国际创新和技术合作。③

……

从经济社会发展的宏观视角看，制度供给更是最为重要的因素之一。以 18 世纪的英国为例，于 1776 年发明蒸汽机的瓦特在其 19 岁那年离乡到伦敦接受仪器制造工匠的培训，两年后成为一名“数学仪器制造师”，最终成就蒸汽机的发明，引发第一次产业革命。这个案例表明，技术的发明和创造总体上绝非一个“黑天鹅”事件，而是与专业化分工和经济组织下的制度结构密切相关。④

试想，如果伦敦没有开设仪器制造工匠培训，瓦特怎么能成为

① 习近平系列重要讲话数据库 . 习近平在“一带一路”国际合作高峰论坛开幕式上的演讲［EB/OL］.（2017-05-14）［2021-04-15］. http://jhsjk.people.cn/article/29273979.

② 习近平系列重要讲话数据库 . 习近平：坚持中国特色社会主义教育发展道路培养德智体美劳全面发展的社会主义建设者和接班人［EB/OL］.（2018-09-10）［2021-04-15］. http://jhsjk.people.cn/article/30284598.

③ 习近平系列重要讲话数据库 . 习近平：顺应时代潮流 实现共同发展——在金砖国家工商论坛上的讲话［EB/OL］.（2018-07-26）［2021-04-15］. http://jhsjk.people.cn/article/30170246.

④ 贾康，苏京春 . 中国突破“瓶颈期”亟需制度创新［EB/OL］.（2016-03-23）［2021-04-15］. http://www.cankaoxiaoxi.com/china/20160323/1107735.shtml.

仪器制造师，更遑论蒸汽机的发明了。在当时开设此类培训班是顺应培养专业化人才的一项制度安排，这就是顺应趋势的结果。

实施创新驱动发展战略，制度供给要走在前面，引领发展：

2015 年 3 月，《中共中央　国务院关于深化体制机制改革加快实施创新驱动发展战略的若干意见》印发；

2015 年 8 月，全国人大修订《中华人民共和国促进科技成果转化法》；

2015 年 9 月，国务院印发《深化科技体制改革实施方案》；

2015 年 10 月，国务院印发《统筹推进世界一流大学和一流学科建设总体方案》；

2016 年 5 月，中共中央、国务院发布《国家创新驱动发展战略纲要》；

2016 年 11 月，中共中央办公厅、国务院办公厅印发《关于实行以增加知识价值为导向分配政策的若干意见》；

2017 年 1 月，教育部、财政部、国家发展改革委印发《统筹推进世界一流大学和一流学科建设实施办法（暂行）》……

既有宏观战略，也全方位覆盖了科技体制、成果转化、人才、分配政策、高校等各方面，在注重创新的制度框架下，创新驱动发展战略的实施蹄疾步稳，我们一直在路上。

古人云：“天下之势不盛则衰，天下之治不进则退。”国家治理的核心要义在于制度。当今世界正经历百年未有之大变局，国际形势复杂多变，外部挑战异常严峻，世界风险社会的境遇已然来临，要打赢防范化解重大风险的攻坚战、赢得对外发展主动权，必须坚持和完善中国特色社会主义制度、推进国家治理体系和治理能力现代化，运用制度威力保持中国发展定力。

结语
确认过眼神，我们是适合的人

有位海外侨胞问：“为什么在国外越久就越爱国？”不少经常出国的人表达了类似观点：出国次数越多的人，往往越爱国。

古罗马著名学者塔西陀曾说：“要想认识自己，就要把自己同别人进行比较。”

原因正在于，出国次数越多、在国外待得越久，越能通过比较，看到我们的不一样和不一样的优势。

无形中国大厦，屹立世界东方。

今天，中国开放的大门越开越大，中国人有了更多的机会亲身体会中西之别，并在比较中得出结论，增进对本国制度的认知与认同。

大国难治，久久为功。党的十九届四中全会已经勾画出了中国特色社会主义制度建设的短、中、长期三维发展蓝图：到我们党成立一百年时，在各方面制度更加成熟更加定型上取得明显成效；

到二〇三五年，各方面制度更加完善，基本实现国家治理体系和治理能力现代化；到新中国成立一百年时，全面实现国家治理体系和治理能力现代化，使中国特色社会主义制度更加巩固、优越性充分展现。①

显然，对照这个时间表，我们还要做出不懈的努力。唯有坚定制度自信、坚持久久为功，方能达成愿景、实现既有目标。

习近平总书记说过："我们需要借鉴国外政治文明有益成果，但绝不能放弃中国政治制度的根本。中国有960多万平方公里土地、56个民族，我们能照谁的模式办？谁又能指手画脚告诉我们该怎么办？对丰富多彩的世界，我们应该秉持兼容并蓄的态度，虚心学习他人的好东西，在独立自主的立场上把他人的好东西加以消化吸收，化成我们自己的好东西，但决不能囫囵吞枣、决不能邯郸学步。照抄照搬他国的政治制度行不通，会水土不服，会画虎不成反类犬，甚至会把国家前途命运葬送掉。只有扎根本国土壤、汲取充沛养分的制度，才最可靠，也最管用。"②

中国特色社会主义制度，是我们"中国人"的宣言；中国特色社会主义制度，是有着"中国味"的制度；中国特色社会主义制

---

① 中国共产党新闻网．中国共产党第十九届中央委员会第四次全体会议公报［EB/OL］．（2019-10-31）［2021-04-27］．http://cpc.people.com.cn/n1/2019/1031/c64094-31431615.html.

② 习近平系列重要讲话数据库．习近平：在庆祝全国人民代表大会成立60周年大会上的讲话［EB/OL］．（2014-09-06）［2021-04-15］．http://jhsjk.people.cn/article/25615123.

度，是有着“中国范”的制度。我们坚持走自己的道路，坚定自己的理论信念，坚守自己的制度选择，坚固自己的文化传统，一句话，勇敢做自己，让别人说去吧！

“自信人生二百年，会当水击三千里。”确认过眼神，我们是适合中国特色社会主义制度的人。

第四篇

文化自信

导语

火遍全球的“宝藏女孩”

她是个“90 后”。

她有一个不算幸福的童年，也有一个并不为人所熟悉的名字——李佳佳。

她幼年父母离异，6 岁时父亲去世，小学 5 年级时爷爷去世，奶奶开始独自抚养她。她 14 岁时到城里漂泊，一漂就是 8 年。

2012 年，因为奶奶生病，需要人照顾，她便留在了家乡，以开淘宝店为生，勉强度日。后来，她接受弟弟的建议，也为了生意更好，开始在网络上发布一些短视频。摸索一段时间后，她转而拍摄一些自己真正熟悉和擅长的内容，比如做手工、做饭、古法制作。造面包窑、做竹子家具、做衣服、烤全羊、酿酒、酿造黄豆酱油……她把中国人的田园生活讲给越来越多的人听。

时间是最好的裁判，时代是最好的平台。

这个曾经命途多舛、默默无闻的女孩，现在有一个举国闻名、享誉世界的名字——李子柒。

2017 年，她紧紧围绕美食和传统文化的主题，组建团队，吃了无数的苦，积累了大量素材，用心创作作品，获得新浪微博超级红人节十大美食红人奖。

2018 年，她的原创短视频在海外运营 3 个月后获得 YouTube（视频网站）银牌奖。

2019 年，获得“超级红人节”最具人气博主奖、年度最具商业价值红人奖、《中国新闻周刊》年度文化传播人物奖。她的作品获《人民日报》、共青团中央、央视新闻、新华社等多家媒体点赞。

《泰晤士报》将她选为 2020 年全球最值得关注的 20 位人物之一。

她在 YouTube 上的粉丝突破 1 000 万，成为首个在该平台粉丝破千万的中文创作者，彼时 BBC（英国广播公司）的粉丝 860 多万，CNN（美国有线电视新闻网）的粉丝 940 多万，HBO（美国一家有线电视网络媒体公司）的粉丝 200 多万。

她的粉丝，不分国度，不分民族，不分性别，不分年龄，不分职业，都凝结着一种深挚的爱。他们因为一些偶然的契机，关注了，观看了，也爱上了。因为看不懂中文，听不懂汉语普通话，更听不懂四川方言，他们只能克服“重重困难”，靠猜测、靠想象去完成视频的观看，心甘情愿、乐此不疲。

在 YouTube 上，她每发布一个视频，点击量都在 100 万以上，点击量最高的单个视频超过了 5 000 万。

外国朋友的留言，无不表达了对中国乡村、中国美食、中国工艺、中国生活、中国文化及作者个人的无限憧憬与强烈喜爱。

她的作品，没有浮夸的演技、高深的套路、复杂的剧情，甚至连对话与旁白都没有，表现的是中国农村场景及古风古韵，展示的是中国普通女子操持家务、制作食物，呈现的是普通中国人体验传统文化的过程。

在她的镜头下，寒来暑往、秋收冬藏，中国乡村的田园风光鲜活起来，如画卷般展现在观众面前。一个个生活中的寻常事物，经过简单加工、巧妙搭配，变成了一件件令人赏心悦目的精美工艺品。

这中间的体验与震撼，不需要语言上的沟通，不需要逻辑上的演绎。只需要跟着节奏，慢慢看、细细品，徜徉其间、流连忘返。

她做的是市井百姓柴米油盐般的日常小事。不经意间的坚守，却带来许多媒体难以企及的巨大影响。不经意间，她成了中国文化的桥梁、名片和使者。

而且，她并不是一个人在战斗。

与她类似的，还有火遍西方的“阿木爷爷”“滇西小哥”……

他们镜头下的事，于很多人而言，是那样熟悉，其中的美却很少被发现和呈现。但是，“李子柒们”做到了，而且一直在做。

他们，是中国坚持自我的缩影，是世界认识中国的窗口，更是中国走向世界的名片。

这个缩影，是唤起文化自觉的可贵坚守。这种认识，是讲好中国故事的精彩尝试。这张名片，是树立文化自信的深层力量。

我们期待着这样的“他们”，越多越好！

第一节
关于文化，不仅是“源远流长”
——“文化”的内涵与流变

习近平总书记曾多次在不同场合强调“文化”和“文化自信”在实现国家富强、民族复兴、人民幸福中的关键性作用。

我们要牢固树立“文化自信”，首要在于准确理解“文化”的定义，要清楚“文化”的源头，要明白“文化”的流变，要端正对待“文化”的态度。

文化：一种泛在形态

有人说，“文化”是个筐，啥都能够装。

“文化”可以形容人。比如，“头戴三叉束发紫金冠，体挂西川红锦百花袍，身披兽面吞头连环铠，腰系勒甲玲珑狮蛮带，手持画戟，坐下嘶风赤兔马，果然是‘人中吕布，马中赤兔’！”①

“文化”可以用于物。大到日月星辰，小到衣食住行，但凡人们能认知到的一切物质，似乎都可以冠之以“文化”，看星星有星象文化，赏月亮有月文化，吃饭有美食文化，居住有建筑文化，就连上厕所都有马桶文化……

“文化”可以谈思想。从东方的儒释道，到西方的基督教，从古代的诸子百家，到今天的社会主义先进文化，古今中外、五湖四海，全世界各族人民自强自立、生生不息，在改造客观世界的过程中都创造了灿若星河的思想文化。

“文化”可以谈现象。“杀马特”“火星文”“丧文化”“小确幸”“二次元”……这些网络流行语反映了一些青年与这个世界相处的方式和状态。

环顾四周，会发现“文化”就像空气一样，无所不在，无孔不入。

“文化”一词就很有文化，《易经·彖传上·贲》中讲：“刚柔交错，天文也；文明以止，人文也。观乎天文，以察时变；观乎人文，以化成天下。”西汉刘向《说苑》有言，“圣人之治天下也，先文德而后武力。凡武之兴为不服也。文化不改，然后加诛”，意为“以文教化”，是对人性情的陶冶、品德的教养，为精神领域之范畴。

---

① 罗贯中．三国演义［M］．北京：北京时代华文书局，2014：8.

而今天我们所常用的“文化”含义，已远远超出了精神层面的“以文教化”，具有了更为广泛的延伸拓展。

《中国大百科全书》中将“文化”定义为“人类在社会实践过程中所获得的能力和创造的成果”。广义的文化总括人类物质生产和精神生产的能力、物质的和精神的全部产品；狭义的文化指精神生产能力和精神产品。

我们身边一切人类脑力和体力的劳动成果，理论上都可以被称为“文化”。

“文化”有三个基本特征：物质性、属人性和价值性。

物质性是指无论是物质生产能力还是精神生产能力，无论是物质产品还是精神产品，归根结底是人类认识和改造客观世界的产物，都不能脱离客观物质而存在。比如，享誉世界的瓷文化、茶文化，都以客观存在的物质为对象；再如，资本主义文化、社会主义文化，虽然它们不直接与物质相关联，但均以客观存在的物质生产力为基础。

属人性，是由于文化因人而生、为人而活，反映的也是人的存在方式，也就是“人化”。

价值性是“文化”中蕴含的人们赋予的价值，是“文化”区别于非“文化”事物的根本。价值的衡量主体，又恰恰是人，所以，属人性和价值性紧密相关。

同一种文化，不同国家的人、不同地域的人、不同时代的人，可能会有不同的价值评判标准。比如，浩瀚的宇宙中至今仍有大片

“无人区”和“自留地”，即便这些暂无人类涉足的领域依旧具备物质性，却不能被称为“文化”，这正是因为其在属人性和价值性方面的缺失。

当然，既然是价值，就会有大小高下之别，优劣好坏之分。于是，文化也就会被人为区分为精华文化、糟粕文化等。

我们不妨为“文化”做一个简单明了的定义，即“文化”是人类在认识和改造客观世界过程中被赋予一定价值的物质与精神。

“文化”是客观物质的反映，本身是一个中性词汇，而其之所以有了好坏优劣之分，是因为人们赋予了它不同的价值。

因此，要想取其精华、去其糟粕，最需要改变的不是“文化”自身，而是我们自己。

文化：并非一成不变

“年”，在中国人的思想观念中意味着深入骨髓的眷恋；“过年”，在中国人的风俗习惯中拥有至高无上的意义；“年文化”，在中国人的传统文化中占据着无可比拟的地位。

然而，一切都在悄然改变：

从前，过年时孩子们会在鞭炮声中你追我赶，如今却在“书山卷海”的假期中补课刷题；从前，过年时年轻人会在聚会上倾心交谈，如今却沉浸在游戏影视的网络中流连忘返；从前，过年时老年人会在儿孙绕膝的天伦之乐中欢声笑语，如今却在“举目无亲”的等待中黯然神伤……

于是有人感慨，如今年的味道变淡了、变质了，而这种变味，实际上反映的是节日的文化因素发生了变迁。

每一种文化的诞生，一定会经历“实践凝聚成意识、意识升华为文化”的过程。

比如“年文化”，在古代“年”是一种人们想象中的怪兽，这种怪兽总是带来坏运气。它一来，万物凋敝，百草不生；它一走，万物生长，花开不败。于是人们就发明了爆竹来吓跑它。

所以，“年文化”的出现，首先是因为人们在农耕生产的实践中形成了对时令规律的认识。有了“年”的意识，进而基于对自然规律的把握，产生了对美好生活的向往，于是就有了“过年”的习俗和年文化。

但是，每一种文化都并非一成不变。辩证唯物主义告诉我们，“意识对物质的依赖性”，即“物质决定意识”。也就是说，客观世界环境变了，主观思维意识自然也会受到影响。

而“年文化”作为一种基于实践形成的意识形态，也必然会随着社会的变迁而被赋予新的“味道”。

在茹毛饮血、钻木取火、衣不蔽体、食不果腹的年代，“年”的内涵，无论是驱鬼，还是祈福，都映射出人们思想世界和物质世界的空虚匮乏。那个时候，过年是对风调雨顺、物资丰盈的憧憬、信仰与坚守。

在封土建国、朝代更迭、等级森严的年代，“年”的内涵，纵然有“朱门酒肉臭”的富贵，却难以掩盖“路有冻死骨”的酸楚。那个时候，过年是对人身自由、社会公平的憧憬、信仰与坚守。

在风雨如晦、慨当以慷的年代，“年”的内涵，充满了革命的激情和奋进的呼声。那个时候，过年是对民族独立、人民解放的憧憬、信仰与坚守。

在灿烂辉煌、山河无恙的年代，“年”的内涵，是千百年梦想的启航，是代代人奋斗的荣光，过年是对国家富强、民族复兴的憧憬、信仰与坚守。

“文化”的物质性，决定了“文化”会随着客观环境的变化而变化，这种变化是不以人的意志为转移的，但“文化”的变化方向是转而向好，抑或是转而向坏，则是其价值性的体现，取决于我们对待“文化”的态度与追求。

文化：共同精神家园

文化就像一面镜子，你把美的一面给它，它就展示给你美的一面，你把恶的一面给它，它就展示给你恶的一面。

虽然“文化”的内涵很丰富，范畴很宽泛，但是，你可能可以轻松地获取“知识”，却不会轻而易举地获得“文化”。

我们在对待“文化”时，不仅要看到它的表象，更要读懂它的内涵，要明晰它的真正价值所在。

比如烟花，古人发明烟花爆竹，是为了驱恶除邪、逐退瘟神恶鬼，是为了与天地对话、求万物和谐，是对黑暗的恐惧和对光明的向往。比如祭祀，古人大兴祭祀之风，是源于寻求神灵和祖先庇佑的愿景与希冀。比如春节，古人无论贫穷富贵，逢年过节都会在吃穿上下足功夫，这是在物质生活极度匮乏的农耕社会，人们在辞旧迎新之时表达对来年物产丰盈、生活圆满的强烈渴望。

随着时代的发展和社会的进步，人们对黑暗的恐惧早已烟消云散，人们对温饱的渴求不再一如从前，人们对神灵的认识更加科学理性，人们对祖先的缅怀变得崇高自然，这些“文化”背后所蕴含的绿色、文明、和谐、团圆的真正价值逐渐成为集体的共识。

于是，电子鞭炮逐渐成为烟花爆竹的替代品，分时分区有节制的燃放观念渐入人心，我们以环保安全的现代方式“敬天”，延续着千百年来烟花文化对大自然的无限崇拜；

于是，刻满岁月斑驳的墓碑被擦拭得一尘不染，无穷无尽的思念化身风中摇曳的白花，我们良久驻足，以心缅怀，用情“祭祖”，延续着千百年来祭祀文化对家族兴旺、生生不息的执着坚守；

于是，绿色健康的菜肴摆满餐桌餐盘，吉祥如意的花灯点亮千家万户，积极向上的文娱活动传遍大街小巷，我们以文明节俭的现代方式“祈福”，延续着千百年来春节文化对“美好丰盛”未来世界的追求信仰；

于是，远去的游子化归人，热气腾腾的饺子汤圆、甜甜蜜蜜的粽子和月饼包住日日夜夜的翘首期盼，高高举起的自拍神器定格和和美美的温馨瞬间，我们卸下行囊，我们承欢膝下，我们以现代方式“比心”“团圆”，延续着千百年来节日文化对“家和万事兴”的生动诠释……

我们崇尚“文化”，是崇尚“文化”背后孜孜以求的价值，而不是崇尚“文化”带来的种种虚荣；我们追求“文化”，是追求“文化”背后代代相传的精神，而不是追求“文化”带来的种种虚名。

时至今日，伴随着民族意识的觉醒和民族复兴的努力，我们有了超越以往的文化自觉和自信，如何实现“文化”在坚守中传承、在传承中创新、在创新中发展的时代转变，努力实现相互借鉴和共同进步，成为摆在中华文明进程中的一道时代命题。

第二节
文化自信，复兴的蓬勃力量
——要自信，不要自卑、自负

习近平总书记指出：“我们说要坚定中国特色社会主义道路自信、理论自信、制度自信，说到底是要坚定文化自信。文化自信是更基本、更深沉、更持久的力量。”①

要自信，不要自卑

文化自信是一个民族、一个国家以及一个政党对自身文化价值

① 习近平系列重要讲话数据库.习近平在哲学社会科学工作座谈会上的讲话［EB/OL］.（2016-05-19）［2021-04-17］. http://jhsjk.people.cn/article/28361550.

的充分肯定和积极践行，并对其文化的生命力持有的坚定信心。①

而文化自卑，则是一种在对待自身文化价值上的轻视、怀疑乃至否定的态度和心理。②

几千年来，中华民族在经济社会建设、文化创新创造方面，都取得了辉煌的成就，可谓一枝独秀、独领风骚。

2014 年，习近平总书记在北京主持召开文艺工作座谈会，并提出："从老子、孔子、庄子、孟子、屈原、王羲之、李白、杜甫、苏轼、辛弃疾、关汉卿、曹雪芹，到'鲁郭茅巴老曹'（鲁迅、郭沫若、茅盾、巴金、老舍、曹禺），到聂耳、冼星海、梅兰芳、齐白石、徐悲鸿，从诗经、楚辞到汉赋、唐诗、宋词、元曲以及明清小说，从《格萨尔王传》、《玛纳斯》到《江格尔》史诗，从五四时期新文化运动、新中国成立到改革开放的今天，产生了灿若星辰的文艺大师，留下了浩如烟海的文艺精品，不仅为中华民族提供了丰厚滋养，而且为世界文明贡献了华彩篇章。"③

但是一百多年前，确切地讲，在 1840 年，被西方的坚船利炮轰开国门之后，我们也出现过比较严重的自我否定和深深自卑。

---

① 赵银萍 . 文化自信——习近平提出的时代课题［EB/OL］.（2016-08-05）［2021-04-17］. http://www.xinhuanet.com//politics/2016-08/05/c_1119330939.htm?_=1498377589.

② 王晓阳 . 文化自信 大学之道：大学文化研究论文辑刊二［M］. 北京：光明日报出版社，2019：49.

③ 习近平系列重要讲话数据库 . 习近平在文艺工作座谈会上的讲话［EB/OL］.（2015-10-15）［2021-04-17］. http://jhsjk.people.cn/article/27699249.

西方列强为了扩张资本主义入侵中国，中国被列强按在地上打了一百多年，被迫签订了成百上千个不平等条约，赔款达数亿两白银，仅仅《辛丑条约》，就被逼着赔款 4.5 亿两白银。曾经的民族自尊心和优越感被击溃。许多人对民族文化的自信，也变得无所依附。

那时候，有多少人在反思中承认我们是不行的。

比如，李鸿章认为我们是不行的，他在《筹议海防折》中说，西洋“轮船电报之速，瞬息千里；军器机事之精，工力百倍；炮弹所到，无坚不摧；水陆关隘，不足限制；又为数千年来未有之强敌”[①]。中国即与之对抗，“彼之军械强于我，技艺精于我，即暂胜必终败”[②]。

比如，胡适也认为我们是不行的。他在《介绍我自己的思想》中说：“我们必须承认我们自己百事不如人。不但物质机械上不如人，不但政治制度不如人，并且道德不如人，知识不如人，文学不如人，音乐不如人，艺术不如人，身体不如人。”[③] 并且旗帜鲜明地提出“不要怕丧失我们自己的民族文化”[④]。

改革开放之初，我们的 GDP 与美国等西方国家相去甚远。那

---

① 李鸿章 . 筹议海防折［Z］// 李鸿章全集：第二册 . 海口：海南出版社，1997：825.

② 李鸿章 . 筹议海防折［Z］// 李鸿章全集：第二册 . 海口：海南出版社，1997：826.

③ 胡适 . 胡适文存：四［M］. 合肥：黄山书社，1996：459.

④ 胡适 . 胡适文存：四［M］. 合肥：黄山书社，1996：459.

时候我们的工业化水平还处于起步阶段，而英美等国工业化发展已不啻百年。可有人不愿意看事实讲道理，一股脑地将问题归结为文化上的差异。

这种文化自卑与中国的经济社会发展，与中外现状对比有着明显的关系。当发展受挫、差距显著、挨揍受气的时候，经常错误地归因，同时也形成了自卑的心理。

文化自卑连接着历史虚无主义——否定历史进程，否定历史文化，否定民族文化，否定民族传统，否定民族精神。

100 多年来，我们曾在隆隆的炮声中惶恐，我们曾在无尽的痛苦中挣扎，幸好，我们也在豪迈的自信中奋进。

从任人宰割、风雨飘摇、水深火热，到自主发展、步履铿锵、蓬勃发展；从自惭自卑，到重建信心，我们共同见证了中国人的前赴后继、自立自强。

这种自信，既有道路自信、理论自信、制度自信，更有深层的、根本的文化自信。

要自信，不要自负

与自卑截然相反，文化心理上的自负则是一种对待自身文化态度上的自满自足和妄自尊大。[①]

---

① 胡键 . 树立文化自信，要摆脱自负和自卑［N］. 解放日报，2016-08-02（10）.

历史上，我们也曾自大过，我们也曾盲目过。

几千年来，“天朝”意识和“中央之国”的情结，一以贯之；“华夏为尊，夷狄为卑”的文化等级观念，根深蒂固。到了清朝，这种自负无以复加。

西方国家凭借技术革命，一日千里，方兴未艾；“天朝上国”，依然闭关锁国，自我满足，自我陶醉。

道光年间有这样的上谕[①]：“本日据达洪阿等驰奏……英逆因中国严禁鸦片……分扰广东、福建、浙江等处……再，昨据奏报：逆夷复犯台港，经该总兵等生擒白夷十八人、红夷一人、黑夷三十人、汉奸五名。该逆夷中必有洞悉夷情之人，究竟该国地方周围几许？所属国共有若干，其最为强大不受该国统属者共有若干？又英吉利至回疆各部有无旱路可通，平素有无往来？俄罗斯是否接壤，有无贸易相通？此次遣来各伪官，除璞鼎查系该国王所授，此外各伪职是否授自国王……”[②]虽然这番发问的背景还有不同说法，但是体现出的闭关自大却是不争的事实。

几十年之后，这种心理也未见明显好转。

晚清重臣徐桐顽固守旧，嫉恶西学。他曾经说：“世界安有许多国家，大约俄罗斯、英吉利、法兰西、日本，则真有之，余皆奸

---

① 原文的英吉利、璞鼎查等字均有口字旁，今略。

② 中国第一历史档案馆 . 鸦片战争档案史料：第五册［M］. 天津：天津古籍出版社，1992：264.

徒所诡造以恫吓朝廷耳。”[①] 甚至，还有“西班有牙，葡萄有牙，牙而成国，史所未闻，籍所未载，荒诞不经，无过于此！”[②] 的笑谈。

现实是残酷的，我们这个长期经济发达、社会进步、文化灿烂的国度，就这样被我们曾称为“夷”的西方列强无情侵略、肆意暴凌。

我们一度失落、沉沦，甚至绝望——绝望于我们的器物、制度，以及我们的文化。

百余年的革命史，70 余年的新中国史，40 余年的改革开放史，我们一路走来，打破了一个旧的世界，更建立了一个新的世界；追上了世界的潮流，还引领了时代的方向。

起起落落之间，许多国人对文化重拾自信。一不留神，不少人又犯了老毛病，开始自负起来。

这种文化自负感，是一种对待自身文化态度上的自满自足和妄自尊大的文化优越感。它来源于中国历史上曾经领先于周边乃至整个世界的社会、经济成就，也来自过于封闭、不谙世事的文化守旧主义。[③]

对于自己的传统，不分优劣、不别高下、不辨所以，只想全盘照收。

---

① 李异鸣 . 非常人［M］. 哈尔滨：北方文艺出版社，2006：185.

② 宁月茹，潘晖 . 日新集：《天津师范大学报》优秀作品选编［M］. 北京：光明日报出版社，2018：248.

③ 胡键 . 树立文化自信，要摆脱自负和自卑［N］. 解放日报，2016-08-02（10）.

对于自己的当下，不明就里、不下功夫、不学精良，只管且行且看。

对于自己的未来，不行取舍、不做深思、不谋长远，只顾匆匆上路。

文化自负连接着文化保守主义——自我满足，拒绝融通，最后泯然众矣。

正如习近平总书记在纪念马克思诞辰200周年大会上的讲话指出的："当代中国的伟大社会变革，不是简单延续我国历史文化的母版，不是简单套用马克思主义经典作家设想的模板，不是其他国家社会主义实践的再版，也不是国外现代化发展的翻版。社会主义并没有定于一尊、一成不变的套路，只有把科学社会主义基本原则同本国具体实际、历史文化传统、时代要求紧密结合起来，在实践中不断探索总结，才能把蓝图变为美好现实。"①

我们的文化发展与文化强国建设，也要稳扎稳打，行稳致远。

要自信，应当界限清晰

文化要有界限，自信要有支撑。

我们需要传承文化，有了"优秀"这个限定语，就不能不加分

① 习近平系列重要讲话数据库．习近平：在纪念马克思诞辰200周年大会上的讲话［EB/OL］.（2018-05-04）［2021-04-27］. http://jhsjk.people.cn/article/29966126.

别地照单全收。

例如，近年来层出不穷的各种所谓“国学班”“女德班”，挂羊头卖狗肉，效果不明，要价不菲，不过也都打着传统文化的旗号，声势浩大。

又如，“孝”是中华传统文化中非常重要的一个概念。对于何以为“孝”最经典的素材，便是“二十四孝”的故事，比如“百里负米”“卖身葬父”“卧冰求鲤”等。时移世易，当年的“二十四孝”是否仍然符合“孝”的标准，又如何看待“卧冰求鲤”“郭巨埋儿”，一时间也是争议纷纭。

毋庸讳言，传统文化里有精华也有糟粕。因此，给文化自信画出边界，至关重要。

我国有着超过五千年的文明史，有着绵延不绝、无与伦比的悠久历史和灿烂文化，对此，我们有着充分的自信。但是，我们需要知道如何画线和在哪里画线。

要画出文化自信的“边线”。文化自信是有范围的，超过范围的不应该随便轻言自信。对于那些腐朽、肮脏、没落的所谓“文化”，我们更加无法产生自信。

要画出文化自信的“底线”。文化自信是有原则的，超过原则的不应该胡乱因之自信。对于那些涉及违法乱纪、冲击公序良俗的所谓“文化”，我们不能对其自信。

要画出文化自信的“红线”。文化自信是有态度的，超过态度的不应该随意付诸自信。对于那些伤及民族情感、文化根基、人民安稳的所谓“文化”，我们不能任其“自信”。

边线、底线、红线，其实都有赖于大家对文化“家底”的清醒认识。知道自己有什么，了解自己的优势和劣势，知道什么是正宗的“优秀传统文化”，知道什么是真正的“革命文化”，知道什么是“社会主义先进文化”，我们才能有鲜明的态度。

该自信的时候光明正大、义无反顾、全力以赴。

不该自信的时候不任性而为、胆大妄为、胡作非为。

如此，不自卑、不自负，用心树立和坚守文化自信。

那么，我们的文化自信靠什么来支撑呢?

习近平总书记在庆祝中国共产党成立95周年大会上的讲话中指出:“文化自信，是更基础、更广泛、更深厚的自信。在5 000多年文明发展中孕育的中华优秀传统文化，在党和人民伟大斗争中孕育的革命文化和社会主义先进文化，积淀着中华民族最深层的精神追求，代表着中华民族独特的精神标识。”①

可见，让中国人“自信”的“文化支撑”，至少包括三个维度:中华优秀传统文化、革命文化、社会主义先进文化。

因此，文化自信也必须在优秀传统文化、革命文化和社会主义先进文化三个方面下足功夫，研透内涵，写好“文化自信”大文章。

---

① 习近平系列重要讲话数据库.在庆祝中国共产党成立95周年大会上的讲话[EB/OL].(2021-04-16)[2021-04-17].http://jhsjk.people.cn/article/32079803.

第三节
蓦然回首，何处是“精神家园”
——中华优秀传统文化

习近平总书记说过：“中华文明有着5 000多年的悠久历史，是中华民族自强不息、发展壮大的强大精神力量。我们的同胞无论生活在哪里，身上都有鲜明的中华文化烙印，中华文化是中华儿女共同的精神基因。”[①]“中华民族在几千年历史中创造和延续的中华优秀传统文化，是中华民族的根和魂。”[②]

① 新华网．习近平：中华文化是海内外中华儿女共同的魂［J］．党史纵横，2014（7）．

② 习近平系列重要讲话数据库．习近平在庆祝澳门回归祖国15周年大会暨澳门特别行政区第四届政府就职典礼上的讲话［EB/OL］．（2014-12-21）［2021-04-17］．http://jhsjk.people.cn/article/26246398.

中华优秀传统文化是什么？

首先得说说，什么是传统文化。

传统文化是我们背过的古诗，是从小学到大的文言文，是李白、杜甫、骆宾王，是“死生契阔，与子成说。执子之手，与子偕老”和“路漫漫其修远兮，吾将上下而求索”。

传统文化是我们的姓氏。有的姓氏背后藏着一个国家的兴衰，比如齐、鲁、宋、郑、吴；有的以住地为姓，如东郭、西门；有的以官职为姓，如司马、司空、司徒；有的以颜色为姓，如黄、白；有的被皇帝赐姓；有的姓氏之间还存在密切关联。姓氏中的传统文化博大精深，绝非三言两语可以道清。

传统文化包括我们常见的颜色。

在白居易《琵琶行》中，有一句“座中泣下谁最多？江州司马青衫湿”。懂行的人可以依据其中的“青衫”，来判别白居易的官衔和他的状态。

歌曲《说唱脸谱》里，一口气唱了很多颜色，“蓝脸的窦尔敦盗御马，红脸的关公战长沙，黄脸的典韦，白脸的曹操，黑脸的张飞叫喳喳……”，颜色背后的人物形象栩栩如生，令人印象深刻。

传统文化是我们吃的汤圆元宵，穿的苏杭丝绸，说的诗词成语。传统文化是你、是我，是我们每个人的筋骨肉和精气神，我们的存在过程就是传统文化的延续和传承。

习近平总书记强调：“中华民族历来是爱好和平的民族。中华文化崇尚和谐，中国‘和’文化源远流长，蕴涵着天人合一的宇宙观、协和万邦的国际观、和而不同的社会观、人心和善的道德观。在 5 000 多年的文明发展中，中华民族一直追求和传承着和平、和睦、和谐的坚定理念。以和为贵，与人为善，己所不欲、勿施于人等理念在中国代代相传，深深植根于中国人的精神中，深深体现在中国人的行为上。”[①]

可以说，正是延续不断的中华传统文化给我们架起了一座可以横跨古今的桥，让我们时至今日依然可以遐想古代辉煌而灿烂的文明。

有学者指出，中国传统文化包括三种形式的知识：一是价值之知，如儒家的仁、义、礼、智、信，墨家的兼爱、非攻，道家的道法自然、清静无为，佛家的慈悲等；二是事实之知，如中国历史学著作中关于社会、自然科学的知识；三是形式之知，如汉字、汉语以及通过汉字、汉语所表达出来的思维方式、做事方式、艺术形式等。[②]

传统文化形态万千。我们要继承和发扬的就是中华优秀传统文化，而不是全部的传统文化。中华优秀传统文化包罗万象、博大精

---

① 习近平系列重要讲话数据库 . 习近平在中国国际友好大会暨中国人民对外友好协会成立 60 周年纪念活动上的讲话［EB/OL］.（2014-05-15）［2021-04-17］. http://jhsjk.people.cn/article/25023282.

② 胡键 . 文化强国战略：跳出文化自负与自卑窠臼［J］. 社会观察，2012（2）：76.

深，包含着丰富的哲学思想、道德情操、价值观念、审美品格、艺术情趣、辩证思维和科学智慧，是中华民族的宝贵精神矿藏。

但如果对“传统文化”照单全收，传承“优秀传统文化”时就会失去判断，出现问题。

把水仙球茎放进漂亮的玻璃瓶之前，如果不将外面的红皮剥掉，会引起表皮吸水，种球腐烂。跟养水仙一样，如果我们要让传统文化在我们这一代人手上绽放美丽的花朵，势必要剥掉一些会引起腐烂的红皮，清除影响生长的糟粕。

什么样的文化才是优秀传统文化，还需要我们用心去甄别、判断。

怎样理解文化？

既然传统文化是“日用而不知”，那就不妨学会激活，学会追问，通过盘根问底和追根溯源，既能知其然，也能知其所以然。

比方说，我们可以从跟《周易》有关的生活用语入手，探寻出处来源，也可以从这些源头出发，寻找对生活的启示。

《周易》的六十四卦中，只有一个纯阳卦，又叫乾卦；也只有一个纯阴卦，又叫坤卦。乾卦代表天，坤卦代表地，而乾卦和坤卦就像天与地，虽然相反，却永远离不开对方。

“潜龙勿用”“亢龙有悔”“飞龙在天”“见龙在田”“或跃在渊”等武侠影视剧中的“招式”，就来自乾卦的爻辞。

比如“群龙无首”，比喻许多人聚在一起而没有首领，无法统一行动，因此也就难以成事。不过在《周易》中，它的本义是人生在不同的阶段，要做出不同的调整，时刻努力，时刻奋进，时刻适应环境的变化。

没错，这其实就蕴含着“自强不息”的道理。说到“自强不息”，我们又可以想到很多例子。

少年范仲淹自强不息，生活条件非常艰苦，划粥割齑，把粥划成若干块，把咸菜切成碎末，最后成就一番事业。暮年愚公自强不息，矢志不渝，遂能最终感动天地。

从少年、青年、壮年，直至老年，自强不息一直是中华民族的精神血脉。

这种精神激励着华夏儿女生生不息，用勤劳和智慧创造了一个又一个奇迹；激励着近代以来无数仁人志士为挽救民族危亡而呕心沥血、奋勇抗争；激励着百年来中国共产党带领中国人民通过艰苦卓绝的斗争和坚持不懈的奋斗让中华民族以崭新的姿态屹立于世界；激励着七十多年来中国各族人民同心同德，用奉献、团结、拼搏、坚韧、勇毅取得了令世界刮目相看的伟大成就。

乾卦代表着“自强不息”的精神，讲求的是进取、奋斗；而坤卦有着“厚德载物”的精神，就是有容乃大，甘愿奉献。

关于“厚德载物”，有一个“六尺巷”的经典小故事。

清朝康熙年间有位大臣叫张英，他在桐城的老家与吴家为邻，两家因为宅基问题争执不下。

张家人写信要求他出面解决。张英认为邻里之间应该相互谦让，于是在给家里的回信中写了四句话："千里修书只为墙，让他三尺又何妨？万里长城今犹在，不见当年秦始皇。"

一首简简单单的诗，把道理讲得很明白，借古喻今，体现的是一个大学士的气度和大德。

张英的家人收到了回信，理会了其中深意，于是主动退让三尺。邻居吴家知道后深受感动，也深感惭愧，也把围墙往后退了三尺。于是，便多出了一道六尺宽的巷子。

岁月流转，"六尺巷"和巷子背后的故事就这么流传下来了。

这就是厚德载物，对他人、对世界保有宽和包容的气度。这种精神让中国人民拥有了勤劳、宽厚、朴实、知礼、善助的美好品质，让中华民族拥有了海纳百川的大国风范，向着努力构建人类命运共同体的和谐世界前进。

这就是中华优秀传统文化，就蕴含在庸常的岁月中，体现在处世的态度里，"日用而不觉"。

中华优秀传统文化是中华民族在漫长历史长河中淘洗出来的智慧结晶，既呈现于浩如烟海、灿烂辉煌的文化成果，更集中体现为贯穿其中的思想理念、传统美德、人文精神。[①] 中华优秀传统文化已经成为中华民族的基因，植根在中国人内心，潜移默化影响着中

① 汤玲．中华优秀传统文化、革命文化和社会主义先进文化的关系［J］．红旗文稿，2019（19）：31.

国人的思维方式和行为方式。“不论过去还是现在，都有其鲜明的民族特色，都有其永不褪色的时代价值。”①

如何弘扬文化？

习近平总书记指出：“历史和现实都表明，一个抛弃了或者背叛了自己历史文化的民族，不仅不可能发展起来，而且很可能上演一幕幕历史悲剧。”②

对于优秀传统文化，我们唯有传承下来、发扬开去、守正创新、不断前进。

首先，要传承下来。优秀传统文化，为中华民族生生不息、绵绵不绝提供了强大的精神动力和温馨的精神家园，让中华民族自尊自信、自立自强，是中华民族的瑰宝。我们要深入学、清楚看、明白辨、透彻研，真正做到去伪存真，留下那些优秀的部分，而不是良莠不辨、泥沙俱下。

其次，要发扬开去。优秀的东西必须好好地珍惜，让它像种子一样，在社会上播撒、在生活里浸润、在生命中滋长。优秀的文

① 习近平系列重要讲话数据库．习近平：青年要自觉践行社会主义核心价值观——在北京大学师生座谈会上的讲话［EB/OL］.（2014-05-05）［2021-04-17］. http://jhsjk.people.cn/article/24973220.

② 习近平系列重要讲话数据库．习近平在哲学社会科学工作座谈会上的讲话［EB/OL］.（2016-05-19）［2021-04-17］. http://jhsjk.people.cn/article/28361550.

化，就会走出书房、摆脱小众、融入生活，进而落地、生根、开花、结果，自然自在、相得益彰。

再次，要守正创新。优秀传统文化可能不好理解、不易把握，它可能有美丽的内心却披着不合时宜的衣裳，它可能有丰富的营养却不再适合新时代人们的胃肠。所以，我们要在守正的基础上创新，让它更加可知、可敬，可亲、可爱，可信、可用。

最后，要不断前进。前人将那些优秀的传统文化传到我们手里，我们决不能仅仅满足于将这些传递下去，遑论传播中可能还打了折扣。我们需要在前人的基础上，在现实的前提下，让优秀传统文化更加丰富、更加厚重、更加独具魅力。

第四节
岁月静好，莫丢了“红色基因”
——革命文化

2019 年是新中国成立 70 周年，盛大的国庆阅兵式有很多地方让人记忆深刻，让人感动。

其中有一个场面格外引人注目，那就是三辆阅兵车，一辆由习近平总书记乘坐，一辆车牌号为 2019 的车由乙晓光总指挥乘坐，还有一辆车牌号为 1949 的车上虽有四个话筒却无人乘坐。

看似无人，其实车上承载的却是成千上万名革命英雄、革命先烈！

中国现在的盛世正是他们用鲜血换来的。

有人说：“从来没有什么岁月静好，不过是因为有人替你负重前行。”

岁月静好，我们不能忘了那个无数仁人志士抛头颅、洒热血的革命年代，和那个年代孕育涵养的革命文化。

什么是革命文化？

革命文化是近代以来特别是新文化运动以来，在党和人民的伟大斗争中培育和创造的思想理论、价值追求、精神品格，如红船精神、井冈山精神、长征精神、延安精神、沂蒙精神、西柏坡精神等，集中体现了马克思主义指导下的中国近现代文化的发展及其成果，展现了中国人民顽强不屈、坚韧不拔的民族气节和英雄气概。[①]

革故鼎新，开天辟地

1840 年以来，无数仁人志士就在寻求变革图存之路，老路、新路、大路、小路、过去的路、外面的路……

1921 年，中共一大在浙江嘉兴南湖“红船”上胜利闭幕。从此，中国的革命就有了坚强的领导者——中国共产党。多灾多难的中国，终于踏上了通往光明的前进道路。

2005 年，时任中共浙江省委书记习近平在《光明日报》发表署名文章《弘扬“红船精神”，走在时代前列》，首次公开提出“红船精神”的概念，并对“红船精神”的内涵进行了概括和论述：

开天辟地、敢为人先的首创精神，

① 汤玲．中华优秀传统文化、革命文化和社会主义先进文化的关系［J］．红旗文稿，2019（19）：31.

坚定理想、百折不挠的奋斗精神，
立党为公、忠诚为民的奉献精神。[①]

其中“开天辟地、敢为人先”的首创精神是“红船精神”的核心内涵。

中国共产党人有勇于接受新事物的魄力和勇气，有明辨是非的能力。党在摸索着前进中选择了马克思主义道路，并对这条道路负有艰巨的责任。而一旦扛起这个责任，就一路前行，矢志不渝。

这条道路的选择，是偶然，更是必然——它符合共产党人的世界观、人生观、价值观和国家观。他们勇于接受、敢于践行，并让星星之火成就了燎原之势。这是何等的勇气与魄力！

理想信念，精神毅力

信念是什么？

信念，是在几近崩溃时，还能支撑你继续坚持的精神；

信念，是在万念俱灰时，还能重燃你昂扬斗志的灵魂；

信念，是在山穷水尽时，还能帮助你柳暗花明的阳光。

---

① 习近平系列重要讲话数据库. 习近平：弘扬“红船精神” 走在时代前列［EB/OL］.（2017-12-01）［2021-04-27］. http://jhsjk.people.cn/article/29678748.

共产党人有推翻帝国主义、封建主义、官僚资本主义“三座大山”，解放全中国，改变中国命运的坚定信念。

理想信念有什么用？

2020 年 6 月 9 日，一位老人的与世长辞，牵动了很多国人的心。

这位老人，1913 年出生于四川南充，去世时 108 岁。

她叫王定国。因家中穷困，她从小被送人，十几岁，又被卖给别人当童养媳。那时候，她和绝大多数中国人一样，能有口饭吃就知足了。后来，在舅舅的影响下，王定国加入工农红军，在吃不饱、穿不暖的情况下，进行艰苦卓绝的斗争。后来她入了党，一直用自己的行动践行对党的忠贞诺言。

1935 年，她参加长征。长征途中，她多次翻越数千米的雪山。王定国和战友们形容枯槁、困顿不堪、伤病缠身、衣衫褴褛。面对敌军的前堵后追，寒冷、饥饿、缺氧、劳累甚至死亡时常伴随着他们。有一次，因为人多、被子不够盖，一觉醒来后，她发现脚冻僵了。她下意识一摸，一根脚趾断了。她没有悲伤，也来不及悲伤。扔掉这根断趾，她继续走完了剩下的长征路。

为了革命的胜利，她在自己选择的“长征”路上一边学习，一边战斗，壮志不已。新中国成立后，她为新中国的建设事业操劳、尽力。离休后，她“长征”脚步不停，70 多岁推动长城保护，80 多岁关注防风固沙，年近百岁还参与植树造林……

她是坚信革命必胜、一生不懈“长征”的伟大战士。正如习近平总书记所说：“长征是一次理想信念的伟大远征。”[①]我们，每一个人，都要汲取精神力量，继续走好新时代的长征路。

不畏牺牲，矢志奋斗

毛泽东在《湖南农民运动考察报告》中说：“革命不是请客吃饭，不是做文章，不是绘画绣花，不能那样雅致，那样从容不迫，文质彬彬，那样温良恭俭让。革命是暴动，是一个阶级推翻一个阶级的暴烈的行动。”[②]在那个流血牺牲的年代，有无数的革命战士，有的甚至年龄还非常小，就为革命牺牲了自己的生命，而且毫无保留，毫不犹豫。

南京有个雨花台，现在是红色景点，以前是刑场，很多英雄先烈在这片土地上长眠。

其中，有一个姑娘，叫郭纲琳。

1910 年，郭纲琳生于江苏句容的一个大户家庭。在被捕入狱后，郭纲琳的家人四处奔走，希望营救她出狱。一个个亲人到狱中来看她、劝她，她只需要在国民党已经为她写好的悔过书上签个字就可以出狱，但是一次次都被她拒绝，甚至被她说服打动。

---

① 习近平系列重要讲话数据库 . 习近平：在纪念红军长征胜利 80 周年大会上的讲话［EB/OL］.（2016-10-21）［2021-04-17］. http://jhsjk.people.cn/article/28798445.

② 毛泽东 . 毛泽东选集：第一卷［M］. 北京：人民出版社，1991 ：17.

后来，她的家人再次找人劝郭纲琳悔过，她断然拒绝："革命者的青春是美好的，我早已将她献给了伟大的祖国。为了追求最崇高的理想，我可以献出生命、青春和一切，我并不希望人们记起我、说起我，我只希望他们朝着自由幸福的道路上前进，朝着祖国独立的道路上前进！你们是不可能理解我的心情的，人民却会理解我今天斗争的意义。"①

党的早期领导人、"常州三杰"之一的恽代英，在狱中遭受严刑拷打，但始终大义凛然。他留下了气吞山河的《狱中诗》："浪迹江湖忆旧游，故人生死各千秋。已摈忧患寻常事，留得豪情作楚囚。"临刑前，面对刽子手，他平静地说："我身上没有一件值钱的东西，只有一副近视眼镜，值几个钱？我身上的磷，只能做四盒洋火。我愿我的磷发出更多的热和光，我希望它燃烧起来，烧掉古老的中国，诞生一个新中国！"②

无数革命先烈用鲜血与生命铸就了革命精神，他们忠诚于党、忠诚于人民，为了崇高的革命理想，矢志奋斗。

---

① 中共中央党史研究室科研部. 中华魂——革命先烈诗文集［M］. 杭州：浙江人民出版社，1997：169.

② 冯昕，陈荣春."我愿我的磷发出更多的热和光"——走进恽代英纪念馆［N］. 常州日报，2015-08-13（A2）.

全心全意，服务人民

毛主席曾说过："人民，只有人民，才是创造世界历史的动力。"[①]

在那个战火纷飞的年代，共产党人如何用小米加步枪战胜敌人？

紧紧依靠人民群众！

在革命时代，形成了党的群众路线，"一切为了群众，一切依靠群众，从群众中来，到群众中去"。

在纪念红军长征胜利80周年的大会上，习近平总书记讲了"半条棉被"的故事。

1934年11月，中央红军长征抵达湖南汝城县沙洲村附近，并在此休整了一周。三位疲惫不堪的女红军受邀住在了沙洲村徐解秀家。她家一贫如洗，只有一张用楠竹钉成的床架，床上垫着稻草、铺着破席，盖的是一堆烂棉絮，连一条完整的被子都没有。女红军们在急行军中丢弃了行装，只带着一条棉被，女主人就和三位女红军合盖这一条被子、挤在这一张床上，而男主人则睡在门口的草堆上守护着她们。

三位女红军与徐解秀同吃同睡同劳动，还帮着徐解秀烧火煮饭，闲时给徐解秀夫妇讲革命道理。几天后的大清早，女红军们要上路了，她们决定把这唯一的被子留给徐解秀夫妇，但夫妇俩说什么也不肯接受。到了村口，三位女红军和徐解秀夫妇还争执不下。

---

① 毛泽东 . 毛泽东选集：第三卷［M］. 北京：人民出版社，1991：1031.

这时，一位女红军从背包中摸出一把剪刀，把这条被子剪成了两半，她对徐解秀说："等革命成功以后，一定要送你一条完整的新棉被。"

徐解秀后来经常对人说："什么是共产党？共产党就是自己有一条被子，也要剪下半条给老百姓的人。"[①]

正是因为一切从人民出发，共产党人在那样艰苦的岁月里，才能够依靠人民，以人民这个群体为强大的依靠力量。

共产党人的根基和立场就是这样深深地根植于广大人民之中。毛泽东用五个字进行了高度的概括，那就是"为人民服务"。如果要给它加一个限定词，那就是"全心全意为人民服务"。

昨天、今天、明天，它都是党的根本宗旨和铮铮誓言。

自力更生，艰苦奋斗

1938 年 10 月，日军占领武汉后，逐步将主要军事力量转向共产党领导下的抗日根据地，实行灭绝人性的"三光"政策。

国民党消极抗日、积极反共，停发八路军和新四军军饷，加之华北等地连年遭受自然灾害，抗日根据地的财政经济遭遇巨大困难，军队供给近乎断绝，陷入没粮吃、没衣穿、没被盖、没经费的

① 新华社．半条被子折射军民鱼水情［N］．广西日报，2019-06-29（03）．

困境。[①]

为了战胜困难，坚持抗战，1942 年年底，党中央提出了“发展经济，保障供给”的方针，号召解放区军民自力更生、克服困难，开展大生产运动。

部队战时作战，闲时种地。多年下来，红米饭、南瓜汤不仅没有将根据地军民饿垮，反而铸就了军民的铮铮铁骨与艰苦奋斗精神。

一曲《南泥湾》，成了几代人的记忆。

大生产运动中的 359 旅将士们初到南泥湾之时，没有房子住，他们就搭窝棚、挖土窑，甚至在野外露宿。粮食不够吃，就挖野菜、采野果、打猎来解决。开荒没有工具，就收集废铜烂铁，自己制造。夏天时，没有衣服，就光着肩膀开荒干活。学习时，没有纸张，就用桦树皮代替。在如此困难的条件下，他们却表现出高昂的劳动热情和忘我的工作精神。[②]

大生产运动的开展，粉碎了日本侵略者和国民党顽固派困死、饿死我抗日军民的企图，不仅克服了根据地严重的经济困难，而且基本实现了军民的“丰衣足食”，从而为争取抗日战争乃至整个新民主主义革命的最后胜利，奠定了必要的物质基础。

新中国成立以后，在围困、堵截之中，坚定不移地走自己的路、建设自己的社会主义。改革开放以来，中国人民铆足干劲、顽

---

① 张金锁．延安精神［N］．北京：中共党史出版社，2017：4-5.

② 任学岭，杨延虎，郝琦．延安时期青年运动史论［M］．北京：东方出版社，2003：99-100.

强奋斗，在短短40多年的时间里，取得举世瞩目、彪炳千古的业绩，正是自力更生、艰苦奋斗精神的忠实践行者。

革命文化，历久弥新

有人说，革命时代锻造了革命文化，锻造了革命精神，但是今天已经不是革命时代了，革命文化也失去了其存在的价值。

其实，革命仍在继续，斗争仍需精神。

革命是看得见的战场，而如今，虽然在国内看不见战火纷飞，但是一个看不见硝烟的战场却依然存在。

2020年，新冠肺炎疫情来势汹汹，阴霾重重。

在党和国家的领导下，全党、全军、全国各族人民，一起行动、共同应对，坚决贯彻坚定信心、同舟共济、科学防治、精准施策的总要求，敢于担当、敢于奉献、敢于奋斗、敢于牺牲，紧紧依靠人民群众，坚决打赢疫情防控的人民战争、总体战、阻击战。

医生白衣执甲，党员冲锋在前，军人挺身而出，警察迎难而上，志愿者接力奉献，各族人民万众一心、同仇敌忾，唱响了一曲曲感天动地、气壮山河的颂歌。

2020年9月8日，习近平在全国抗击新冠肺炎疫情表彰大会上的讲话中指出："在这场同严重疫情的殊死较量中，中国人民和中华民族以敢于斗争、敢于胜利的大无畏气概，铸就了生命至上、举国同心、舍生忘死、尊重科学、命运与共的伟大抗疫精神。”①

是的，人民战争、总体战、阻击战的基本胜利，离不开党的集中统一领导，离不开中国特色社会主义制度的优势，离不开我们对革命文化的继承、弘扬和发展，离不开我们像革命时期那样军民团结、鱼水情深，离不开我们像革命时期那样敢于斗争、敢于胜利。

2020 年，全国多地暴发罕见的大洪水。

大浪滔滔、气势汹汹。肆虐的洪水，淹没了村庄、道路，摧毁了堤防、楼宇。面对洪水，人民解放军、党员干部和人民群众紧紧团结在一起，不屈不挠、团结奋进，并肩战斗、忘我牺牲，打退了一次次洪峰，消除了一次次险情，一次次化险为夷，一次次转危为安，保护了一方百姓，呵护了一方安宁。

是什么让共产党人带领着中国人民一次次地在面对封建、侵略、灾害等各种苦难的时候，迎难而上，取得最终胜利？一定是共产党人的斗争精神，是这种敢于挑战、勇于战斗、奋力前行的伟大斗争精神成就了如今的硕果累累。战天斗地，离不开战斗，离不开斗争，离不开革命文化的浸润和洗礼。

中国共产党人在为中国人民谋幸福、为中华民族谋复兴的伟大征程上，注定不会一帆风顺。从国内来看，改革进入深水区，波涛汹涌、浊浪排空；改革进入攻坚期，闯关夺隘、动真碰硬。从国际

---

① 习近平系列重要讲话数据库 . 习近平：在全国抗击新冠肺炎疫情表彰大会上的讲话［EB/OL］.（2020-09-08）［2021-04-17］. http://jhsjk.people.cn/article/31854170.

来看，发展进入阵痛期，明争暗斗、虎视眈眈；较量进入白热化，暗流涌动、云谲波诡。

但是，饱经风霜的中华民族，不怕困难、不畏艰险，一定能继续继承和发扬革命文化，逢山开路、遇水搭桥，破解一个个困难，迎接一场场挑战，进行伟大斗争、建设伟大工程、推进伟大事业、实现伟大梦想。

第五节
百花齐放，谁才是“颜值担当”？
——社会主义先进文化

新中国成立后，中国迈入了一个崭新的时代。中国的文化也迎来了欣欣向荣的景象。

她有一个响亮的名字，叫社会主义先进文化。

社会主义先进文化之所以先进，是因为她以马克思主义为风向标。

社会主义先进文化之所以先进，是因为她以人民为定海神针。

社会主义先进文化之所以先进，是因为她以创新为动力源泉。

那么，在当代社会，什么是社会主义先进文化?

社会主义先进文化萃取了中华优秀传统文化和革命文化的精华，是对中华民族优秀传统文化和红色革命文化的深度融合，也是中华文化在当代中国的最新发展。中国特色社会主义共同理想和共产主义远大理想、马克思主义中国化的制度和理论成果、社会主义核心价值观、以爱国主义为核心的民族精神和以改革创新为核心的时代精神等，共同熔铸了社会主义先进文化。[①]

未来，社会主义先进文化走向哪里？

未来，社会主义先进文化的终极目标是让人趋于真善美。

对社会来说，“人”是社会的核心，无论是国家的发展还是整个社会的发展，都是为“人”服务的，都是为了成就“人”。社会主义先进文化的终极目标就是马克思所提出的建立一个“自由人的联合体”的社会，能够实现每一个人自由而全面的发展，在真正意义上实现人的真善美。

优势：拥有“三大法宝”

社会主义先进文化硕果累累，这是因为社会主义先进文化有“三大法宝”：以马克思主义为风向标、以人民为定海神针、以创新为动力源泉。

风向标：马克思主义。

新中国成立后，百废待兴，从封建社会直接过渡到社会主义社会的新中国没有发展的道路可借鉴，因此，在经济和政治的发展过

① 汤玲．中华优秀传统文化、革命文化和社会主义先进文化的关系［J］．红旗文稿，2019（19）：31.

程中，摸着石头过河。而文化的发展又何尝不是摸着石头过河呢？

尽管摸着石头过河，但并不盲目，摸着石头过河有一个风向标——马克思主义。

社会主义先进文化是以马克思主义理论为指导的。

马克思主义的先进文化有终极的价值指向和价值追求，那就是全人类的解放，也是终极的文明指向。

这样一种先进文化就体现在人类命运共同体的理念上。

这样的理念落实在具体的行动上，就是“一带一路”倡议的深入展开。

“一带一路”倡议给全世界人民带来了什么呢？

有个叫沙利的网红小男孩，他来自柬埔寨。沙利的生活来源就是叫卖旅游纪念品。

当时 14 岁的小沙利，身高只有 1.4 米，体重才 40 多斤，看起来像一个只有七八岁的小孩。沙利在叫卖旅游纪念品的时候，为了抢得“商机”，可以一口气连飙9种语言，甚至用中文放声高歌《我们不一样》。

沙利的视频在网上发布后，立即引起了全世界网民的关注，在中国的社交网络上激起了阵阵波澜。

在“一带一路”的倡议下，浙江一个企业向沙利伸出了援助之手，将赞助沙利完成高中、大学本科，甚至硕士、博士学业。2019 年 1 月，沙利和家人来到浙江，参观了浙江大学，游览了西湖，还体验了中国武术等特色文化。

短短一年多的时间，沙利长高了很多，他顺利在中国读书，已经能说一口流利的中文。

沙利只是受惠于“一带一路”倡议的一个小小的缩影。

“一带一路”倡议，给全世界人民带去的是铁路、粮食，让人们摆脱贫困饥饿，更重要的是带去了新的发展机遇。

中国提出共建“一带一路”倡议，目的是与沿线各国分享中国发展经验，让各国搭乘中国这辆“顺风车”，一起实现共同发展。中国与各国携手，将“一带一路”建成和平之路、繁荣之路、开放之路、创新之路、文明之路①。

马克思主义理论早已告诉我们，全世界人民休戚与共。中国，作为一个强大的国家，不仅为中国人民谋幸福、为中华民族谋复兴，还要为世界谋大同。

定海神针：人民。

社会主义先进文化有一根定海神针。这根定海神针就是人民。

在中国社会主义先进文化中，文化的核心是人民！

这个核心包括两方面：一方面，在我们的文化中，我们国家的政策措施的出发点，都是为了人民；另一方面，我们的文化核心，是由我们千千万万普通人民建构而成，是我们的人民创造出了我们的文化精神。

---

① 新华社．将“一带一路”建成和平之路繁荣之路开放之路创新之路文明之路［N］．湖南日报，2017-05-15（1）．

我们来看第一个方面。

在重大灾难面前，我们国家首先考虑的是人民。

武汉出现疫情，一个暂停键，让武汉、湖北甚至全中国经济停摆。

在这个暂停期，国家承受着巨大的经济损失。但，没有什么损失能比人民的生命安全更重要。一切都要让位于人民的生命安全。

经济虽然遭受重创，但人民的生命安全得到了有效保障。

这个暂停键保护了武汉人民、湖北人民甚至全中国人民的生命安全！

其实，在任何情况下，疫情、洪水、地震、火灾等，我们的文化都是一切为了人民。

再来看看第二个方面。

武汉疫情铸就了一种精神——抗疫精神。是谁缔造了这个抗疫精神？是千千万万中国人民。

抗疫的胜利，离不开千千万万中国人民，每一个中华儿女都以自己的方式来支持抗疫。或许只是捐助了几百元钱，或许只是居家隔离，或许只是戴上口罩，或许只是……

正是普普通通的中国人共同汇聚成了伟大的抗疫精神。

人民，才是历史的创造者！

人民，才是文化的缔造者！

动力源泉：创新。

我们这个时代，正处于大发展、大变革、大调整时期。

在时代发展中，社会主义先进文化与时代同向同行。

社会主义先进文化如何与时代同向同行？创新。

创新是因时代改变而做出的顺应时代需求的发展。

如果说，在革命年代，革命者身上所具有的是一种敢为天下先的大无畏精神，那么在和平年代，则体现为一种创新精神。

我们来看看深圳的发展。

深圳，一个因改革而生的城市。从一座默默无闻的边陲小镇到如今现代化的国际大都市，40 多年来，深圳作为中国改革开放的“窗口”和“试验田”，以敢为人先的精神，大胆探索，勇于实践，创造了令世人赞叹的发展奇迹。

精准扶贫，也离不开创新。

2013 年，习近平总书记在湖南省花垣县十八洞村调研时，做出了“实事求是、因地制宜、分类指导、精准扶贫”等重要指示。[①] 全国各地，因地、因人、因贫困原因、因贫困类型进行精准施策，展示了扶贫工作的“十八般武器”。一时间，“互联网＋扶贫”“电商扶贫”“绿色生态扶贫”“特色产业扶贫”“资产收益扶贫”等，为我们决战决胜脱贫攻坚、全面建成小康社会，起到了非常直接的作用。

从改革开放到精准扶贫，在社会主义建设的道路上，社会主义

---

① 习近平系列重要讲话数据库．习近平赴湘西调研扶贫攻坚［EB/OL］．（2013-11-04）［2021-04-16］．http://jhsjk.people.cn/article/23421342.

的文化也在不断发展，创新永无止境！

精髓：社会主义核心价值观

每个国家、每个民族，都有自己的价值观。

党的十九大报告中指出，“必须坚持马克思主义，牢固树立共产主义远大理想和中国特色社会主义共同理想，培育和践行社会主义核心价值观，不断增强意识形态领域主导权和话语权，推动中华优秀传统文化创造性转化、创新性发展，继承革命文化，发展社会主义先进文化”①。

社会主义核心价值观是社会主义制度的灵魂，是社会主义文化的精髓。核心价值观的自信，是文化自信的内核所在。

2012 年 11 月，中共十八大提出了“倡导富强、民主、文明、和谐，倡导自由、平等、公正、法治，倡导爱国、敬业、诚信、友善，积极培育和践行社会主义核心价值观”②。

富强、民主、文明、和谐的价值目标，更是治国理政的理念原

---

① 习近平系列重要讲话数据库 . 习近平：决胜全面建成小康社会 夺取新时代中国特色社会主义伟大胜利——在中国共产党第十九次全国代表大会上的报告［EB/OL］.（2017-10-27）［2021-04-16］. http://jhsjk.people.cn/article/29613458.

② 中国共产党新闻网 . 坚定不移沿着中国特色社会主义道路前进　为全面建成小康社会而奋斗——胡锦涛在中国共产党第十八次全国代表大会上的报告［EB/OL］.（2012-11-18）［2021-04-16］. http://cpc.people.com.cn/n/2012/1118/c64094-19612151-6.html.

则、现实遵循。全面小康已经实现，伟大复兴的号角已经吹响，社会主义现代化强国的光辉前景一定能够实现，中国道路、中国智慧、中国方案，吸引了越来越多人的目光。

自由、平等、公正、法治的价值取向，是引领现代文明走向的人类共同价值准则和理想社会目标，既指明了必然之向，也昭示了应然之策。在大环境的营造中，孜孜以求，让社会治理能够实践、彰显；在小事情的处置中，“锱铢必较”，让每个公民都能体会、感知。

爱国、敬业、诚信、友善是公民个人层面的价值准则，是每一个公民在为人处世、社会交往、生产生活中的基本原则。饱含爱国之心，怀爱国情、立爱国志、行爱国举；饱含敬业之心，勤勉务实、尽职尽责、精益求精；饱含诚信之心，老实做人、踏实做事、修德立身；饱含友善之心，乐善好施、扶危济困、美美与共。

我们来看看那些为国家和民族奉献青春、热血甚至生命的一系列英模、劳模、道德模范、时代先锋。

地球物理学家黄大年放弃国外的高薪，毅然回国为我国的地质事业贡献一生，诠释了“爱国”；民兵哨所所长王继才淡泊名利，一朝上岛，一生卫国，坚持32载，诠释了“敬业”；立志航空报国的罗阳，连续奋战八天七夜，倒在了航母舰载机成功试飞之后；90多岁高龄依然奋斗在科研第一线的“杂交水稻之父”袁隆平，不断在科学的高峰上攻坚克难；广西百色扶贫驻村“第一书记”黄文秀，将青春奉献给了家乡的脱贫致富之路，却将生命定格在了30

岁……

榜样们的事迹太多太多，他们身体力行地践行社会主义核心价值观，如同温暖阳光沐浴着我们，又如涓涓细流浸润着我们，让我们在社会主义建设的道路上，在实现中华民族伟大复兴的道路上，不断奋勇前进。

前景：让人趋于真善美

人类在发展，人类的文化也在发展。社会主义先进文化具有一种强大的力量，冲破层层遮挡，让人趋于真善美。

之所以能求“真”，是因为社会主义先进文化的科学性。社会主义先进文化的指导思想是科学的，发展方向是科学的，精髓（社会主义核心价值观）也是科学的。

之所以能向“善”，是因为社会主义先进文化的人民性。社会主义先进文化是根植于人民、服务于人民的文化，有了人民、为了人民，她才根深叶茂、源远流长。

之所以能尚“美”，是因为社会主义先进文化的时代性。社会主义文化是面向现代化、面向世界、面向未来的文化，能顺应时代发展、回应时代关切、引领时代潮流。

什么是人的真善美？从当下来看，社会主义先进文化可以引导人民求真、向善、尚美，提升思想道德素质和科学文化素质，做有理想、有道德、有文化、有纪律的公民，做有理想、有本领、有担当的时代新人，社会因此井然有序，民族因此和睦团结，国家因此繁荣美好；从长远来看，“真”应当是符合共产党执政规律、社会主义建设规律、人类社会发展规律的“真”，“善”应当是契合人的解放这一马克思主义信仰终极关怀的“善”，“美”应当是彰显“人的自由而全面的发展”崇高境界的“美”。简而言之，这种真善美就是人类解放和人类自由而全面的发展。

17 岁的马克思，在中学毕业论文《青年在选择职业时的考虑》中就写下了这样的话：“如果我们选择了最能为人类而工作的职业，那么，重担就不能把我们压倒，因为这是为大家作出的牺牲；那时我们所享受的就不是可怜的、有限的、自私的乐趣，我们的幸福将属于千百万人，我们的事业将悄然无声地存在下去，但是它会永远发挥作用，而面对我们的骨灰，高尚的人们将洒下热泪。”① 马克思一生都在践行这样的理念。

马克思的这一理念——为全人类谋幸福，是全人类文明发展的大方向。

为了全人类而工作，这是一种怎样的人生格局！

这一崇高的人生格局就是真善美。

真善美，意味着人有自己选择的自由，意味着人可以选择为了天下苍生而奉献自己。

---

① 中共中央马克思恩格斯列宁斯大林著作编译局．马克思恩格斯全集：第一卷［M］．北京：人民出版社，1995：459-460.

马克思在《德意志意识形态》中曾说，“我有可能随我自己的心愿今天干这事，明天干那事，上午打猎，下午捕鱼，傍晚从事畜牧，晚饭后从事批判”①。也就是说，当个人的劳动不再为了生存而是为了生活，为了实现自我价值的时候，人才能够获得自由。

我们可以看到，当我们可以自主选择自己的劳动时，劳动不再是为了金钱，不再是谋生的手段，而是自己的兴趣爱好、人生价值。

这就是马克思的自由、每个人自由而全面的发展、人类从必然王国向自由王国的飞跃。

每个人自由而全面的发展的目标是什么呢？

给大家介绍一个人物：中国第一位女实习舰长——韦慧晓。

23 岁就职华为，27 岁获环球洲际小姐大赛中国特区赛区十佳，28 岁赴西藏支教，34 岁成为中山大学博士，同年接到入伍通知书，从此迈入军旅生涯……

曾有人让她放弃读研，给她一份年薪百万元的工作，她的回答是：“有两种价值观：一种价值观是戴着非常昂贵的手表，好显示出来自己身价百倍，另一种价值观是我这种价值观，一块不贵的手表，因为我戴过了，所以身价百倍。”②

---

① 马克思，恩格斯．德意志意识形态［M］// 马克思恩格斯全集：全 50 卷．北京：人民出版社，2016：37.

② 中国青年报微信公众号 .500 万点赞！这位“中国第一”的话燃爆热搜…［EB/OL］.（2019-05-05）［2021-04-16］. http://www.chinanews.com/gn/2019/05-05/8827607.shtml.

给大家讲讲袁隆平院士的故事。

马达加斯加是一个非洲岛国，水稻种植历史仅比亚洲国家短。然而，该国水稻种植技术依然落后，管理不当，严重阻碍了产量，他们每年需要进口数十万吨大米。

2006年，袁隆平带着他的援非杂交水稻团队来到了马达加斯加。

援非团队遇到了很多困难。他们工作的地方连最基本的自来水都没有，只在很远的地方有一口井，而这口井里的水质也相当差。他们只能用大铁桶把水收集起来，用明矾沉淀两天，再烧开才能使用。当地的水质有多差？随行的小翻译全身长满了小疙瘩。

当他们带着满腔的热情去帮助当地人种植产量更高的杂交水稻时，当地人无法接受，他们“不相信、不理解、不了解”，觉得这是“魔稻”，不能种植。

此后，更严峻的技术难题摆在他们眼前。在中国表现良好的杂交水稻，在非洲出现了“水土不服”。

当地有一种青蛙，不爱吃害虫，就爱吃水稻；还有一种变色龙，虽然不吃水稻，但喜欢在成熟的稻田里“冲浪”，压倒大批水稻，导致减产……

团队没有退缩，见招拆招，将各种难题一一攻克。很快，杂交水稻在马达加斯加的试种大获成功，种植面积达到两万公顷，平均每公顷产量达到7吨，而当地水稻原本的产量仅有每公顷2.5吨。

接着，袁隆平院士的团队走出马达加斯加，走入了非洲的16个国家。马达加斯加友好地接受了杂交水稻，不再称其为“魔稻”，而是直呼“擦拉贝”，在当地语里意思是“最好的东西”。

为了感谢中国人民对马达加斯加的援助，杂交水稻被印在马达加斯加面额最大的 20 000 阿里亚里纸币上，并被列入马达加斯加的发展国策。

被问及为什么要在非洲发展杂交水稻时，袁隆平用英文告诉全世界：“For the welfare of the people all over the world is one of my lifelong wishes.”（“造福世界人民是我的毕生愿望之一。”）①

袁隆平在 90 岁这个本可以舒适地安享晚年的年龄，仍然辛苦地从事科学研究，这是怎样的一种情怀？他跟随自己的内心，从事着自己想做的事情，为天下粮食，鞠躬尽瘁，奉献自己的一生！这就是一种最高境界的真善美！

在社会主义先进文化的引领下，中国将会有越来越多的像袁隆平院士一样拥有“粮”心的人。

---

① 人民日报微信公众号．为什么要在非洲发展杂交水稻？袁老的这句话，爱了爱了！［EB/OL］．（2020-01-14）［2021-04-16］．http://www.chinanews.com/sh/2020/01-14/9059764.shtml.

第六节
坚守“三来”，一起建“文化强国”
——文化的互鉴与坚守

2016 年，在哲学社会科学工作座谈会上，习近平总书记指出：“我们要坚持不忘本来、吸收外来、面向未来，既向内看、深入研究关系国计民生的重大课题，又向外看、积极探索关系人类前途命运的重大问题；既向前看、准确判断中国特色社会主义发展趋势，又向后看、善于继承和弘扬中华优秀传统文化精华。”[①]

不忘本来，就是知其缘起、溯其源头，体现的是一种尊重、传承。

吸收外来，就是知其全貌、博采众长，展示的是一种胸怀、吸纳。

① 习近平系列重要讲话数据库.习近平在哲学社会科学工作座谈会上的讲话［EB/OL］.（2016-05-19）［2021-04-16］. http://jhsjk.people.cn/article/28361550.

面向未来，就是知其走向、行稳致远，激发的是一种精神、进取。

只有不断继承，不断融合，不断创新，文化才能焕发出强大的活力和绚丽的光彩，文化的繁荣发展才会如滔滔江河，不断奔涌向前。

不忘本来

求木之长者，必固其根本；欲流之远者，必浚其泉源。

中华民族几千年的发展历程，创造了灿烂辉煌的历史文化。这些文化是我们的根，是中华民族实现自立、自强的土壤。我们每一个生于斯长于斯的中国人，都离不开中华传统文化的熏陶。

不忘本来，才能留住根，守住魂。

诗词歌赋是中华优秀传统文化的重要载体，是古人和现代人之间联系的纽带，是跨越千年、实现对话的桥梁。但是，曾几何时，在被功利化浸染的社会氛围里，许多人已经失去了对诗词歌赋等传统文化的兴趣。甚至，我们会惊讶地发现，成年以后的我们，对于传统文化、诗词歌赋的了解，都只是源自中小学语文课本。

不过，也有人把诗词歌赋当成了生活和生命的一部分，时间也给了他们最好的答案。

我们来认识一个外卖小哥，他叫雷海为。

这位“80 后”出生在湖南邵阳市洞口县，他 7 岁起开始读诗，喜欢文字的韵律感。但是喜欢诗歌并不意味着可以把生活过成诗歌，他这一路成长得并不顺利。

2001 年，雷海为中专毕业，先后在深圳、上海打工。生活很苦，诗歌很美。在这一路的奔波中，他有一个雷打不动的习惯，经常去书店读诗、背诗，看完回去默写，忘了再回去翻。

2011 年，雷海为开始送快递，四年后又开始送外卖。但他爱诗歌的心从未改变，等外卖的那些零碎时间，都被他用来读书、背诗。

2018 年，命运迎来转机，《中国诗词大会》为他的生活打开了一扇门。4 月 4 日，雷海为在《中国诗词大会》第三季总决赛中夺冠。[①]

当然，伴随着夺冠的荣耀，争议也随之而来。一些网友对他不是祝贺、尊敬，而是调侃甚至讽刺。社会上、网络上、媒体上也有对读诗词、学诗词、背诗词到底有没有用的讨论。

不过，诗词和远方确实可以照料到当下的生活。

现在的雷海为是一家培训学校的全职诗词教师，有了更加充裕的时间来续写他和诗词的故事。

雷海为的故事并不是一个急功近利的例子。但生活中的反例并不罕见。生活中很多人对待传统文化的态度不是基于兴趣爱好，更多的是基于对现实的考量，比如能不能为自己（或家人）的未来发展、求职就业带来更多好处。例如，如果书法、国画、古筝、古琴

---

① 新京报 .“诗词大会”夺冠外卖小哥：想再做一两年回老家创业［EB/OL］.（2018-04-07）［2021-04-16］. http://www.xinhuanet.com/local/2018-04/07/c_1122644706.htm?baike.

等作为特长，能为孩子的未来发展“加分”“增彩”“垫砖”，就值得付出。相反，另一些看上去不那么重要、难以派上用场、不能尽快地给自己“变现”的内容，就很少有人问津了。尤其是一些非物质文化遗产项目，文化瑰宝面临断层和失传的危险，而青年人缺少对学习非物质文化遗产项目的兴趣与热忱，非遗技艺的“供”“需”失衡，冷热不均，可能会导致我们的非遗文化悄然凋零，仅仅存留在名录中、传说中、影像中。

不忘本来，必须全面认识传统文化。对于我们国家、我们身边有哪些传统文化，要搞清“存量”，要摸清“体量”，要看清“质量”。摸清家底，厘清脉络，找准思路，看清问题，循序渐进、有的放矢地开展研究，将我们的文化发掘好、整理好、保存好、开发好、传承好。这项工作，有赖于众多国人的积极参与。只有大家都参与进来，我们的文化、我们的文化工作才能有源头活水。在现有的传统文化中，哪些是“精华”，哪些是“糟粕”，需要科学的厘清和界定，需要群众的互动与选择，可能还需要政府的干预与引导。是精华的，要多投资源、多用心思、多花精力去学习、去传承，要多方面共同努力、同向同行。

吸收外来

吸收外来，就是学习、消化和借鉴外来优秀文化。

中国特色社会主义先进文化建设，需要在尊重自身主体性的基础上，主动观察、学习、吸纳外来文化的优秀成果，兼收并蓄，为我所用。

这既是科学的态度，也是应有的胸怀。

中华民族的文化形成过程，就是吸收外来的过程。

当然，吸收外来，有前提，有基础，有标准，有要求。正如习近平总书记指出的："如果'以洋为尊'、'以洋为美'、'唯洋是从'，把作品在国外获奖作为最高追求，跟在别人后面亦步亦趋、东施效颦，热衷于'去思想化'、'去价值化'、'去历史化'、'去中国化'、'去主流化'那一套，绝对是没有前途的！"[①]

曾几何时，人们似乎一说起电影就想到外国"大片"，以外国"大片"为代表的电影确实有其可取和值得学习之处。

但是这几年，我们也看到国产电影，尤其是国漫的崛起给人带来的兴奋与期待，它们正在我们生活中上演。国产电影最近几年佳作迭出，表现不俗，如 2017 年《战狼 2》，2018 年《红海行动》，2019 年《哪吒之魔童降世》《流浪地球》，2020 年《八佰》《我和我的家乡》，2021 年《你好，李焕英》，等等。

然而，取材于中国故事，也想讲好中国故事的迪士尼电影《花木兰》却没有满足国人的期待，也没讲出中国人特有的文化味道，成绩惨淡。其实，答案也不复杂，有些中国故事只能中国人来讲，

---

① 习近平系列重要讲话数据库．习近平在文艺工作座谈会上的讲话［EB/OL］．（2015-10-15）［2021-04-16］．http://jhsjk.people.cn/article/27699249.

有些中国文化只有中国人能品，有些中国味道只有中国人能做出来。票房的背后其实是审美，是价值观，是文化。好的票房成绩的背后，需要好的主题、好的故事、好的价值、好的技术、好的叙事手法，这些都合适了，才会有好的结果。

吸收外来需要站稳中国立场，不能迷失自我。

好莱坞编剧罗伯特·麦基几次来到中国，都反复叮嘱："你们要讲好中国故事，不要模仿好莱坞！"中国人应该立足于自己的文化，自己的土壤，去做原创性的工作，不要模仿任何人，因为世界观众希望看到的是中国文化的精髓。要是一味模仿别人，或者想着讨好别人，观众就会看不到诚意，中国电影将是陈词滥调，会走不出去。"一句话，必须遵循中国的文化价值观。"①

面向未来

面向未来，就是与时俱进，瞄准、攀登和占领文化发展的制高点。

面向未来，要与时俱进。

无论是中国优秀传统文化、革命文化还是社会主义先进文化，都需要适当地进行包装，体现出它的生动性、活泼性，符合新时代

① 宋风．文化开放要有鲜明浓郁的中国气派［EB/OL］.（2014-05-16）［2021-04-16］. http://www.wenming.cn/wmpl_pd/yczl/201405/t20140516_1946468.shtml.

的审美需求和大众情趣。哔哩哔哩网站中的许多资料，看上去很“二次元”，很“非主流”，却有很好的宣传教育效果。例如，其播放的《那年那兔那些事儿》等动画就受到了异乎寻常的欢迎，满屏感人肺腑的弹幕，都是发自肺腑的留言。

当年，舆论有中心，有权威，官方媒体就是中心，就是权威。随着新媒体的发展，在民间媒体各种各样的声音中，官方媒体的声音被淹没了，舆论场也就出现了去中心化。面对这种情形，《人民日报》、《光明日报》、央视新闻、《中国青年报》等官方媒体纷纷入驻微博、微信、抖音，《人民日报》也与哔哩哔哩合作了。越来越多的官方媒体一改严肃、高冷的面貌，学会了说俏皮话、开玩笑、讲段子，褪去了神秘的面纱，走进了寻常巷陌、百姓生活，拉近了与大众的距离。

习近平总书记说过：“人民既是历史的创造者、也是历史的见证者，既是历史的‘剧中人’、也是历史的‘剧作者’。”[①]

文化工作、文化产品生产，就应该站在人民立场，服务人民大众，这才是长远之计、根本之策。

今天，我们越来越能包容人民群众尤其是青少年的文化创新行为。例如，2017 年年底，一首网络流行歌曲《生僻字》火爆全网。一时间，很多人猎奇、模仿、追随，也让优秀传统文化在荧屏上、网络上着实火得不可开交，甚至传播到国外，引起许多外国网友的

① 习近平．习近平谈治国理政：第二卷［M］．北京：外文出版社，2017：314.

效仿。

面向未来，要深耕细作。

习近平总书记指出：“推动文艺繁荣发展，最根本的是要创作生产出无愧于我们这个伟大民族、伟大时代的优秀作品。没有优秀作品，其他事情搞得再热闹、再花哨，那也只是表面文章，是不能真正深入人民精神世界的，是不能触及人的灵魂、引起人民思想共鸣的。”①

如果只是人云亦云地说别人的话，投其所好地鼓吹别人，那么我们最终会沦为别人的工具和附庸，丧失自己的文化主权，丢失应有的文化阵地。这对于中华民族的未来而言，无疑是一场灾难。手段上的新颖、形式上的创新、包装上的华丽，都是为内容服务的。如果没有过得硬、上得去、站得稳、传得开、叫得响、留得住的好内容，我们的文化也必将如同昙花一现，最终无人问津。

习近平总书记指出：“我们要以更大的力度、更实的措施加快建设社会主义文化强国，培育和践行社会主义核心价值观，推动中华优秀传统文化创造性转化、创新性发展，让中华文明的影响力、凝聚力、感召力更加充分地展示出来。”②

---

① 习近平系列重要讲话数据库 . 习近平在文艺工作座谈会上的讲话［EB/OL］.（2015-10-15）［2021-04-16］. http://jhsjk.people.cn/article/27699249.

② 习近平系列重要讲话数据库 . 习近平在第十三届全国人民代表大会第一次会议上的讲话［EB/OL］.（2018-03-21）［2021-04-16］. http://jhsjk.people.cn/article/29879544.

不忘本来，是为了传承，但是传承的目的是“创造性改造和创新性发展”，也就少不了“面向未来”和“吸收外来”；“面向未来”，是为了更好地发展，就应该知其原有、知其走向，就应该知己知彼，知道别人的进程，所以也得“不忘本来”和“吸收外来”；“吸收外来”是为了借鉴，为了更好地解决当下和长远面临的问题，借鉴必须以我为主，别人的东西也只能为我所用，所以也需要“不忘本来”和“面向未来”。

讲好中国故事

向世界介绍一个真实、立体、全面的中国，我们必须讲好中国故事、发出中国声音。

在这个方面，总书记是我们的模范和老师。

习近平总书记是善讲故事的典范，他在不同场合所讲的故事，贯穿着中国历史文化之“道”、中国改革发展之“道”、中国参与全球治理之“道”，充满“中国智慧”和“中国风格”。

比如，历史故事。习近平总书记经常引用中国经史典籍当中的一些历史典故，并用朴素的大众化的语言呈现出来，让古籍里的文字活了起来。例如，在《摆脱贫困》中收录的《干部的基本功——密切联系人民群众》一文中，习近平总书记提到司马光“欲以身殉社稷，躬亲庶政，不舍昼夜”，“于物淡然无所好”，“恶衣菲食以终其身”，肯定司马光的这种高尚品质，并强调努力做到“廉不言贫，勤不道苦”，这样我们就能永远植根于群众之中。[①] 2014 年 6 月，在中国科学院第十七次院士大会、中国工程院第十二次院士大会上的讲话中，习近平总书记提到，1708 年，清朝政府组织传教士们用时 10 年绘制成的科学水平空前的《皇舆全览图》，长期被作为密件收藏内府，反而被西方传教士带回去发表，“使西方在相当长一个时期内对我国地理的了解要超过中国人”，这就说明“科学技术必须同社会发展相结合”。[②]

比如，成语故事。成语故事精辟简短但思想内涵深刻，习近平总书记经常“妙用”成语故事。在《摆脱贫困》中收录的《弱鸟如何先飞——闽东九县调查随感》一文中，他讲述了闽东这只“弱鸟”如何先飞的故事。“弱鸟先飞”是对成语“笨鸟先飞”的化用。一字之差，反映出的是积极向上意识。“弱鸟可望先飞，至贫可能先富”，闽东这只“弱鸟”化被动为主动，借助其软功夫“飞洋过海”，创造“弱鸟”在诸多领域先飞之奇迹。[③] 1990 年 3 月，时任宁德地委书记的习近平从“插队落户时耳闻目睹”的“滴水穿石”这一自然景观中“领略了不少生命和运动的哲理”。坚硬之石，最终输给柔情之水，“滴水终究可以穿石”，“喻之于人，是一种前仆

---

① 习近平 . 摆脱贫困［M］. 福州：福建人民出版社，1992 ：13-14.

② 习近平系列重要讲话数据库 . 习近平在中国科学院第十七次院士大会、中国工程院第十二次院士大会上的讲话［EB/OL］.（2014-06-09）［2021-04-28］. http://jhsjk.people.cn/article/25125270.

③ 习近平 . 摆脱贫困［M］. 福州：福建人民出版社，1992 ：43.

后继、勇于牺牲的人格的完美体现”。[①] 他正是以这种滴水穿石的精神，带领闽东地区人民努力摆脱贫困。党的十八大后，他又多次号召，以滴水穿石的精神激励各级领导干部真正做到胸有宏图、扎扎实实、持之以恒，在迈向全面小康的关键节点上，坚定扶贫决心、坚持久久为功，夺取脱贫攻坚战的全面胜利。

比如，神话故事。习近平总书记在多次讲话中用到了神话故事。2014 年 3 月，在法国巴黎联合国教科文组织总部演讲时，他提到根据唐代高僧玄奘西行取经历尽磨难的故事而演绎出的神话小说《西游记》，阐明中华文明是在中国大地上产生的文明，也是同其他文明不断交流互鉴而形成的文明。[②] 在 2018 年 3 月的第十三届全国人民代表大会第一次会议上，他提到盘古开天、女娲补天、伏羲画卦、神农尝草、夸父追日、精卫填海、愚公移山等我国古代神话，说明中国人民有着勇于追求和实现梦想的执着精神[③]，中国人民是心怀伟大梦想精神、勇于攀登的人民。

比如，革命故事。习近平总书记在多次重要讲话中提到了在苦难的革命岁月和如火如荼的建设年代中涌现出的许多影响深远的故事。他在参观《复兴之路》展览看到安放于陈列柜中的《共产党宣

---

① 习近平 . 摆脱贫困［M］. 福州：福建人民出版社，1992：43.

② 习近平系列重要讲话数据库 . 习近平在联合国教科文组织总部的演讲［EB/OL］.（2014-03-28）［2021-04-16］. http://jhsjk.people.cn/article/24759342.

③ 习近平系列重要讲话数据库 . 习近平在第十三届全国人民代表大会第一次会议上的讲话［EB/OL］.（2018-03-21）［2021-04-16］. http://jhsjk.people.cn/article/29879544.

言》中文译本时，讲了陈望道在翻译《共产党宣言》时“蘸着墨汁吃粽子”的故事，由此说出“真理的味道非常甜”；在纪念红军长征胜利 80 周年大会上，讲了红军“半条棉被”的故事，阐明了同人民风雨同舟、血脉相通、生死与共是中国共产党和红军取得长征胜利的根本保证；在庆祝中国人民解放军建军 90 周年大会上的讲话中，提到“将士们哪怕冻饿交加，也不拿群众一针一线；哪怕烈火焚身，也岿然不动，直至付出生命；哪怕身陷绝境，也坚守战位，慷慨赴死”[①]，彰显了革命纪律的伟大力量；多次讲过毛泽东告诫全党“夺取全国胜利，这只是万里长征走完了第一步”和“进京赶考”的故事，号召中国共产党人要在新的历史性赶考中交出合格答卷。

总之，讲好中国故事，关键要立足中国文化，立足中国国情。在这方面，我们有着得天独厚的条件和源远流长的历史积淀，尤其在近代百年以来中国人民寻梦、追梦、圆梦的历史进程中，我们有“雄关漫道真如铁”的故事，有“人间正道是沧桑”的故事，有“数风流人物还看今朝”的故事。

习近平总书记指出：“我们不仅要让世界知道‘舌尖上的中国’，还要让世界知道‘学术中的中国’、‘理论中的中国’、‘哲学社会科学中的中国’，让世界知道‘发展中的中国’、‘开放中的中

---

① 习近平系列重要讲话数据库．习近平：在庆祝中国人民解放军建军 90 周年大会上的讲话［EB/OL］.（2017-08-01）［2021-04-16］. http://jhsjk.people.cn/article/29442905.

国’、‘为人类文明作贡献的中国’。”[①]

故事讲好了，中国的声音将变得更加响亮，形象将变得更加立体，地位将变得更加牢靠，未来将变得更加可期。

中华民族的文化发展，事关中华之根、民族之魂，不能不用心思去考量、花气力去解决。我们相信，高举文化自信的旗帜，凝聚创新创造的力量，图存、发展、自立、自强，在世界文化的百花园中，我们的文化一定可以占有一席之地、绽放熠熠光彩。

① 习近平系列重要讲话数据库.习近平在哲学社会科学工作座谈会上的讲话［EB/OL］.（2016-05-19）［2021-04-16］. http://jhsjk.people.cn/article/28361550.

结语
青年，是文化自信的希望和底气

文化自信的树立、优秀传统文化的弘扬、革命文化的传承、社会主义先进文化的树立、文化强国的建设、中华民族伟大复兴的实现，不是靠一个人或者几个人的努力就能实现的，而是需要千千万万人、一代又一代人共同努力。其中的关键，在于我们的青年。

青年形成文化自觉，文化建设就有了底气。

青年树立文化自信，文化建设就有了动力。

青年追求文化自强，文化建设就有了希望。

幸而，在国家需要、社会期待、人民希望的每一个历史节点，我们的青年都没有逃避，没有缺位。

2020 年五四青年节前夕，习近平总书记寄语：“新时代中国青年要继承和发扬五四精神，坚定理想信念，站稳人民立场，练就过硬本领，投身强国伟业，始终保持艰苦奋斗的前进姿态，同亿万人民一道，在实现中华民族伟大复兴中国梦的新长征路上奋勇搏击。”[①]

机遇就在当下，梦想就在前方。

① 习近平系列重要讲话数据库 . 习近平寄语新时代青年强调　坚定理想信念站稳人民立场 练就过硬本领投身强国伟业 向全国各族青年致以节日的祝贺和诚挚的问候［EB/OL］.（2020-05-03）［2021-04-16］. http://jhsjk.people.cn/article/31696523.

后　记

一

时间果然过得很快。

从选题确定到书稿成形，转眼已是两年。

写书的过程，是成长的过程，是煎熬的过程，也是修炼的过程。

随着书稿付梓日期临近，心情也愈加复杂。按理说，应该是盼望着、期待着，但是内心又忍不住忐忑着、惶惑着。

这本书的主题词是“自信”，我们有信心，也有不安。

信心来自“四个自信”，不安是担心我们的解读。

二

“不畏浮云遮望眼，自缘身在最高层。”

不管是对一个人来说，还是对一个民族、一个国家、一个政党来说，自信都至关重要。有了“自信人生二百年，会当水击三千里”的勇气，有了“乘风好去，长空万里，直下看山河”的豪迈，就能毫无畏惧地面对一切困难和挑战，坚定不移地开辟新天地、创造新奇迹。

我们是有理由讲好“四个自信”的。正像习近平总书记指出的那样：“当今世界，要说哪个政党、哪个国家、哪个民族能够自信的话，那中国共产党、中华人民共和国、中华民族是最有理由自信的。”①

三

自信的底气来自历史。历史是最好的教科书，是最好的清醒剂，也是最好的营养剂。在历史长河中的很长一段时间，中华民族一直走在世界前列，那时的我们不缺少自信的理由和底气。鸦片战争后，中国陷入内忧外患的黑暗境地，中国人民经历了战乱频仍、山河破碎、民不聊生的深重苦难。为了民族复兴，无数仁人志士不屈不挠、前仆后继，进行了可歌可泣的斗争，进行了各种尝试，但终究未能改变旧中国的社会性质和中国人民的悲惨命运。

十月革命一声炮响，给中国送来了马列主义，“五四”的火炬重新点燃了涅槃的希望。一蓑烟雨，悠悠红船从南湖出发，中国共产党带领人民踏上了争取民族独立和国家富强的百年征程。从建党到新中国成立，再到我们走过改革开放的 40 年，走过新中国的 70 年，走到中国共产党的 100 年，然后继续踏上建设现代化国家的新征程。

---

① 习近平系列重要讲话数据库 . 习近平在庆祝中国共产党成立 95 周年大会上的讲话［EB/OL］.（2016-07-02）［2021-04-17］. http://jhsjk.people.cn/article/28517655.

时间和历史不断证明并将继续证明，只有共产党才能救中国，只有共产党才能发展中国，中国人民从站起来、富起来到强起来的奋斗历程，就是“四个自信”最坚实的历史根基。

四

自信的底气来自理论。恩格斯曾经说过，一个民族要想站在世界之巅，就一刻也离不开理论思维。科学的理论是前方的灯塔，是脚下的基石，给我们指明了前进的方向，提供了不竭的动力。从 1516 年早期空想社会主义思想家莫尔提出空想社会主义开始，社会主义理论已经经历了 500 年的积淀，马克思和恩格斯创立的科学社会主义理论使得人类的自由解放逐步从梦想走向理想，从空想走向科学。

马克思主义是科学的，也是实践的。传入中国以后，马克思主义与中国革命实际相结合，我们党坚持解放思想和实事求是相统一、培元固本和守正创新相统一，不断开辟马克思主义新境界，产生了毛泽东思想、邓小平理论、“三个代表”重要思想、科学发展观和习近平新时代中国特色社会主义思想，为党和人民事业发展提供了科学理论指导。

理论与实践紧密结合的非凡历程和非凡实践见证了真理力量和实践力量，不断推进马克思主义中国化的卓越成果指导着中国共产党和中国人民勇闯险滩，激流勇进。

五

自信的底气来自现实。有比较才有鉴别，我们选择的道路不是关起门来故步自封、孤芳自赏的小路，而是始终以马克思主义基本原理分析把握历史大势、正确处理中国和世界的关系、善于抓住和用好各种历史机遇的大道。尤其是党的十八大以来党和国家事业取得的历史性成就、发生的历史性变革，无一不在充分彰显着中国特色社会主义的优势。

已经过去的 2020 年是极不平凡的一年，在以习近平同志为核心的党中央坚强领导下，举国一心、团结奋战，我国疫情防控和经济社会发展取得重大成果，在世界主要经济体中率先实现正增长，国内生产总值迈上百万亿元新台阶，全面建成小康社会取得伟大历史性成就，决战脱贫攻坚取得决定性胜利。

事实胜于雄辩，这些都是我们讲好“四个自信”的绝佳素材和信心基石。

不过，“四个自信”的坚定与确认并不能停留于文字阐述，而是要在热爱和了解基础上，形成大众对我国当前道路、理论、制度、文化的充分肯定与积极认同。只有内化了的“四个自信”才是真正的“自信”，这个效果的达成离不开广大人民群众的观察体悟，也离不开方法得当的宣传教育。

六

在解读阐释的尝试中，我们也凝练了一些努力方向。

比如，要以语近人。

习近平总书记指出，我们要传播好马克思主义，不能照本宣科、寻章摘句，要大众化、通俗化。要在话语转换上做一些卓有成效的尝试，既要有口头语言，又要有书面语言，既要有典故，也要有案例，既要有严谨的理论，也要有自然的交流。给大众讲好“四个自信”也不同于“四个自信”的学理研究。受众的知识构成、学历背景是多种多样的，需要将学术味和理论感转化为大众味和亲切感，让大家愿意听、能听懂、能吸收、好消化。

大众化、通俗化的理论宣讲是我党的传统法宝，从湘赣边界到安源煤矿，到长征路上，到延安圣地，回顾我党走过的历程，处处是我们党的杰出领袖用马克思主义理论发动群众、武装群众的生动素材。

七

比如，要以情动人。

习近平总书记曾经殷殷嘱托广大思想政治理论课教师“情怀要深，保持家国情怀，心里装着国家和民族，在党和人民的伟大实践中关注时代、关注社会，汲取养分、丰富思想”[①]。我们要带着感情做好群众工作，也要带着感情做好理论宣讲工作。

我们的“四个自信”中有饱含深情和语重心长，有长征中陈树湘断肠明志、一块银圆交党费的催人泪下，有新时代红其拉甫边防哨所不畏艰苦、勇于担当的感人肺腑，有上海市儿童医院和日喀则市人民

① 习近平系列重要讲话数据库 . 习近平：用新时代中国特色社会主义思想铸魂育人 贯彻党的教育方针落实立德树人根本任务［EB/OL］.（2019-03-19）［2021-04-17］. http://jhsjk.people.cn/article/30982234.

医院共同救助藏族儿童的故事的百感交集。讲好“四个自信”需要用真情打动受众，用共情感染受众。

八

比如，要以理服人。

马克思指出，“理论只要说服人，就能掌握群众；而理论只要彻底，就能说服人。所谓彻底，就是抓住事物的根本”。通俗理论读物不仅要追求在一个时间段内点燃受众的情绪，除了时效性还需要追求实效性，追求受众对于宣讲内容长时段和深层次的认可，并用掌握到的理论知识去指导自己的实践。因此，理论宣讲不仅需要在情感上做到打动人、感染人，还需要做到以理服人。

讲好“四个自信”需要讲好“是什么”，包括对概念的明确澄清，对理论的精细讲述，对案例的生动讲解等。讲好“四个自信”还要讲好“为什么”，要讲清楚历史的来龙去脉，讲清楚案例与论点的支撑关系，讲清楚“所以然”和“所以必然”，真正做到“以理服人”。

九

比如，要以文化人。

文化是一个国家、一个民族的灵魂。文化兴，国运兴；文化强，民族强。文化自信是更基础、更广泛、更深厚的自信，是更基本、更深沉、更持久的力量。中华文化源远流长、代代传承，正是其内在的文化精神让中华民族生生不息，巍然屹立于世界东方。讲好“四个自信”可以激活经典名句和传统文化在当下的力量，讲出传承性；可以结合当下的伟大实践和具体语境，讲出现代感。

典故和诗词的背后是智慧和精神，是传统和文化，我们不可能在传统的荒野上构建现代的大厦，也不可能在文明的沙漠中蓄满能量的水池。通过在经典中阐释新思想，在新思想中传承经典，既能实现经典和新思想的珠联璧合、交相辉映，也能感受到中华优秀传统文化对党的创新理论的滋养。

十

当然，有理由、有底气、有方法，不代表就有好成果，“能讲好”和“讲得好”中间还有很长的路要走。

如果让我们自我评价，我们真诚地认为写得还不够，写得还不好，写得还不够好。这种认定源于对我们自身水平的清醒认知，也源于我们对所要阐释的内容的不断学习。

讲好“四个自信”是不容易的。在写作的过程中，我们能明显感觉到，要想厘清四个自信的边界，还需要做更加精深的研究，对每个自信背后的逻辑体系、发展脉络也需要更系统的把握和梳理。

底气不足还有一个原因，我们这个团队是一群年轻人。

年轻，意味着成长和无限可能，也意味着水平能力有待提高。我们这个团队都是“80 后”和“90 后”，有热情，有兴趣，但都还需要成长。

年轻意味着应该有不足，当然也肯定有不足。年轻意味着可以再努力，当然也必须再努力。年轻意味着可以更好些，当然也必须更好些。

不行，那就继续走，不够，那就继续补。

路再远，不停步总会到达。

十一

顺便说说团队。

我一直有个观点：独行快，众行远。从事普及工作也好，思想传播也好，靠个人英雄主义是走不远的。一个春天不可能靠一两朵努力绽放的花来支撑和诠释，“一花独放不是春，百花齐放春满园”，还是要坚定不移地把“我”变成“我们”。

我们组过很多团队，围绕党史、传统文化、党课、教学成果奖、国家社科基金等，十几支团队，川流不息。但这次团队人数是最多的，原来通常只有三五人，稍多时七八人，这次有近二十人。

本书四篇主要执笔人为唐忠宝（第一篇）、杨波（第二篇）、孙晓晖（第三篇）、唐智（第四篇），然后他们每个人再组小团队，徐川负责最开始的逻辑框架确定和最后几轮的统稿和修订。

人多会有人多的问题，因为凝聚共识是不容易的，统一风格更加不容易，这些细微的差别相信一定会被敏锐的读者捕捉到。但是，人多也有人多的意义，因为形成共识的过程本身就是所有人的共同成长，因为我们总是希望会聚的人更多一些，我们也总是希望辐射的人再多一些。

走得慢些就慢些，但是一起走的人多了，道路肯定就更宽广了。

我们是沿着前人的脚步走到现在的，也需要有更多人带着自信的心态把自信的故事讲给别人听，讲给“00后”和“10后”听，这是我们的使命和责任。

十二

阐释“四个自信”，我们只是尝试，我们只是铺路石，我们只是抛砖引玉。

我们不渴望一步到位，不期待一举成名，不奢求一劳永逸。

我们应该是谦卑并坚定着，谨慎并笃定着，沿着我们的道路，多走一步，再多走一步，向着既定的目标，靠近一点儿，再靠近一点儿。

我们只是有着热情和热血的青年人。我们只是想知道，如果讲好“四个自信”需要铺路石，那么我们能不能做这个铺路石？

我们可能力有不逮，可能挂一漏万，那么，我们就拼尽全力向着目标靠近一点儿，再靠近一点儿。

我们愿意做时间的朋友，不断改进。

因为，我们也还年轻。

年轻意味着可以停下来想一想，或者回过头想一想，甚至退两步想一想。

这都是为了更好地出发，为了更加坚实地前行。

最后，用习近平总书记在党的十九大报告中的话结尾：

“站立在九百六十多万平方公里的广袤土地上，吸吮着中华民族漫长奋斗积累的文化养分，拥有十三亿多中国人民聚合的磅礴之力，我们走中国特色社会主义道路，具有无比广阔的时代舞台，具有无比深厚的历史底蕴，具有无比强大的前进定力。”①

“川流不息”思政教育团队

2021 年 4 月

① 习近平系列重要讲话数据库 . 习近平：决胜全面建成小康社会 夺取新时代中国特色社会主义伟大胜利——在中国共产党第十九次全国代表大会上的报告［EB/OL］.（2017-10-27）［2021-04-17］. http://jhsjk.people.cn/article/29613458.

团队成员简介

徐川 党的十九大代表，江苏团省委兼职副书记，央视《百家讲坛》栏目主讲人。现为南京航空航天大学教授、马克思主义学院党委书记，江苏省中共党史学会副会长。中宣部宣传思想文化青年英才，教育部高校思政工作首批中青年骨干，荣获全国五一劳动奖章、全国最美教师、全国基层理论宣讲先进个人、全国网络正能量榜样（3届）、全国辅导员年度人物等，国家级教学成果奖第一完成人，江苏省教学成果特等奖第一完成人。近5年在《人民日报》《光明日报》《中国高等教育》《红旗文稿》《思想理论教育导刊》等报刊发表文章50余篇，主持国家社科基金、省部级社科基金、教育部思政课择优推广计划等多个项目，出版《顶天立地谈信仰：原来党课可以这么上》《道不远人：走近传统文化》《多维视角下的党代会》等著作，著作获第八届“全国优秀理论通俗读物”“全国党员教育培训创新教材”“全国学校共青团优秀研究成果特等奖”“江苏省哲学社会科学优秀成果奖”等荣誉。

唐忠宝 江南大学马克思主义学院教授，中共中央党校哲学博士，无锡团市委副书记（兼职），央视《百家讲坛》栏目主讲嘉宾，中宣部全国“基层理论宣讲先进个人”，教育部全国“高校网络教育名师”，教育部首批思政工作精品项目“宝哥说”思政文化育人品牌主讲人，江苏高校优秀青年思想政治理论课教师“领航·扬帆”计划培养人选，江苏高校“青蓝工程”优秀青年骨干教师。曾获全国“高校思想政治理论课教学能手”、教育部博士研究生学术新人奖等荣誉称号。现兼任江苏省大学生思想政治教育导师、江苏省高校思政课教学指导委员会委员、江苏省青联委员、江苏省青科协理事等。主持国家社科基金、教育部人文社科基金、江苏省社科基金等 10 余项课题，在《光明日报》《马克思主义与现实》《思想理论教育导刊》等报刊发表论文 40 余篇。

杨波 南京航空航天大学无人机研究院党委副书记、副院长，思想政治教育研究中心副主任，南京市作家协会会员，承担过国家社科基金 1 项、国家重大出版工程 1 项，合著《顶天立地谈信仰：原来党课可以这么上》《多维视角下的党代会》《20 世纪中国知名科学家学术成就概览（力学卷）》《中国航空工业人物传》《足迹与风采：南航校友访谈录》等，参译《黑格尔传》（英文）、《布莱克维尔社会思想百科词典》（英文），曾获中国国家图书馆征文优秀奖等，在《人民日报》《光明日报》《新华日报》《中国文化报》等发表文章 20 余篇。

孙晓晖 广东财经大学马克思主义学院教授、硕士生导师，任广东省邓小平理论研究会秘书长，主要研究方向为中共党史与党的建设。系“广东省理论宣传青年优秀人才”，广东省“特支计划”青年文化英才。获广东省教育厅“我最喜爱的思政课教师”等荣誉称号。现主持和完成国家社科基金课题等 10 项，在《武汉大学学报（哲学社会科学版）》《中国特色社会主义研究》《人民日报》等报刊发表文章近百篇，出版专著 4 部。

唐智 江苏农林职业技术学院马克思主义学院讲师，南京理工大学博士生，江苏省高校“青蓝工程”优秀青年骨干教师培养对象，在学术期刊公开发表论文 50 余篇，被人大复印报刊资料全文转载 1 篇，主编教材 1 部，主持教育部人文社会科学研究专项任务项目（中国特色社会主义理论体系研究）、全国学校共青团研究课题等科研项目 20 余项，获得江苏省高等教育科学研究优秀成果奖二等奖、全国职业院校“红色文化研究与推广”高端论坛征文二等奖、全国学校共青团学术年会论文三等奖等各类奖励、荣誉 60 余项。

胡莘 南京航空航天大学党委统战部、组织部副部长，参与撰写的《顶天立地谈信仰：原来党课可以这样上》获评中宣部第八届优秀通俗理论读物，主持或参与研究成果获评中国监察学会优秀理论成果一等奖、二等奖和三等奖各 1 项，多次获南航优秀共产党员和优秀党务工作者等荣誉称号。

余聪 中国计量大学党办校办干部，助理研究员。主要研究方向为政治哲学。主持省部级课题 2 项，参与国家社科、教育部课题多项，在《光明日报》《中国纪检监察报》《中国高等教育》等报纸期刊发表文章 10 余篇。

周凯　中国计量大学党委组织部干部，北京师范大学马克思主义中国化研究专业博士研究生。曾获全国优秀学生干部、人民网·中国共产党新闻网优秀通讯员等荣誉称号。在人民网、光明网、党建网、学习强国等发表各类稿件 50 余篇；主持省部级课题 4 项，发表北大核心、CSSCI 论文 4 篇。

张帅　南京邮电大学发展规划处副研究员，江苏省金坛华罗庚高新技术产业开发区党工委副书记，南京航空航天大学马克思主义基本原理专业博士生。主持省部级课题 3 项、江苏省高校哲学社会科学研究项目等厅级课题 6 项，在《江淮论坛》《理论导刊》等核心期刊发表论文 20 余篇，著有《区域经济协调发展新论》等。

吴国燕　中共南京市建邺区委党校培训科科长，建邺区“宣德堂”理论巡回宣讲团成员，获南京市基层理论宣讲先进个人、“梧桐论语”我是“理论宣讲者”称号，党校系统中青年教师教学竞赛二等奖、第九届优秀科研成果三等奖，市优秀宣讲报告 2 篇，在《金陵瞭望》等发表文章多篇。

满泽阳　南京大学历史学博士。曾任全国学联驻会执行主席、南京大学团委副书记（学生）、南京大学研究生会主席等，荣获教育部、团中央、江苏省等各级荣誉数十项。合著《顶天立地谈信仰：原来党课可以这么上》等图书 5 部，公开发表各类文章 20 余篇。

唐志文　南京航空航天大学学生资助管理中心主任，讲师。曾获江苏省大中专学生“三下乡”社会实践活动先进工作者等荣誉 14 项。

在《毛泽东邓小平理论研究》《光明日报》《红旗文稿》《新华日报·思想周刊》《群众》等报刊发表文章十余篇，主持省部级课题 2 项，校级课题 7 项，参与编撰图书 2 部。

徐丹　南京中医药大学马克思主义学院副教授。参与国家级、省级课题多项。在《光明日报》及《南京社会科学》《江苏社会科学》等核心期刊发表文章十几篇。获江苏省“五一创新能手”、江苏省青年教师教学竞赛一等奖等荣誉。现主要从事马克思文本分析等方面的研究。

沈晓海　南京师范大学食品与制药工程学院团委书记，讲师。江苏省中国特色社会主义理论体系研究中心南京师范大学基地特约研究员。主持全国学校共青团研究课题等科研项目 9 项，在《新华日报》等报刊发文 9 篇。主持“南师听海”思政教育工作室，运营“南师听海”公众号。

郑月圆　教育部思政工作精品项目“宝哥说”思政团队核心成员，无锡职业技术学院团委副书记。曾荣获 2017 江苏高校辅导员年度人物，江苏省大中专学生“三下乡”社会实践先进工作者、无锡市优秀共青团干部等荣誉。主持和参与多项省市级课题。坚持探索和实践网络思政，已形成“星火”品牌效应。

王丽梅　无锡职业技术学院控制技术学院学工办主任，博士在读，在《广西社会科学》《社会科学论坛》等期刊发表论文 10 余篇，曾获江苏省职业规划大赛一等奖、江苏省大中专学生“三下乡”社会实践活动先进工作者、无锡职业技术学院优秀共产党员、无锡职业技术学院优秀辅导员等荣誉。

王茜 无锡城市职业技术学院马克思主义学院教研室主任，副教授，法学博士，江苏省儒学学会马克思主义与儒学研究会理事。曾获江苏省高校微课教学比赛二等奖，主持及参与国家社科基金、教育部人文社科基金等十余项项目，在《国外社会科学》《中国高等教育》等期刊发表论文十余篇。

于乐 团中央第十期“大骨干”学员，现为江南大学设计学院辅导员，主持江苏省高等教育学会辅导员工作研究委员会专项课题，发表学术论文两篇，曾获无锡市优秀共青团员、江南大学优秀共产党员等多项荣誉。